수, 연산, 기하, 수열, 통계, 확률까지

수학의 핵심

지은이 DK『수학의 핵심』편집위원회
편집 | 아만다 와이엇, 벤 모건, 에드워드 에이브스, 스티븐 카터,
알렉산드라 디팔코, 리사 길레스피, 에마 도슨
디자인 | 조 로런스, 재키 스완, 삼미 리치아르디, 오언 페이턴 존스, 아키코 카토
일러스트레이션 | 클라리스 하산
집필 | 벤 프랑컨 데이비스, 주나이드 무빈
수학 자문 | 주나이드 무빈
역사 자문 | 필립 파커
제작 | 로버트 던, 메스케렘 버하니

옮긴이 이현주
이화여자대학교에서 물리학 학사, 서울대학교에서 천문학 석사,
매사추세츠대학교에서 과학교육 박사 학위를 받았다.
현재는 미국 스미스소니언 과학 교육 센터에서 일하고 있다. 옮긴 책으로
『신기한 스쿨버스 키즈』시리즈(공역), 『붕붕 호박벌의 한살이』,
『초록맨 스퍼드, 지구를 구해 줘!』등이 있다.

수학의 핵심
수, 연산, 기하, 수열, 통계, 확률까지

1판 1쇄 펴냄 2020년 7월 20일 1판 3쇄 펴냄 2020년 12월 30일

지은이 DK『수학의 핵심』편집위원회
옮긴이 이현주 펴낸이 박상희 편집주간 박지은 편집 김지호 디자인 정다울
펴낸곳 (주)비룡소 출판등록 1994.3.17.(제16-849호)
주소 06027 서울시 강남구 도산대로1길 62 강남출판문화센터 4층
전화 영업 02)515-2000 팩스 02)515-2007 편집 02)3443-4318,9 홈페이지 www.bir.co.kr
제품명 어린이용 각양장 도서 제조자명 RR Donnelley Asia Printing Solutions
제조국명 중국 사용연령 3세 이상

WHAT'S THE POINT OF MATHS?
First published in Great Britain in 2020 by
Dorling Kindersley Limited
One Embassy Gardens, 8 Viaduct Gardens, London, SW11 7BW

Copyright © 2020 Dorling Kindersley Limited
A Penguin Random House Company
All rights reserved.

Korean Translation Copyright © 2020 by BIR Publishing Co., Ltd.
This Korean translation edition is published by arrangement with
Dorling Kindersley Limited, London.

이 책의 한국어판 저작권은 Dorling Kindersley Limited와
독점 계약한 (주)비룡소에 있습니다.
저작권법에 의해 한국 내에서 보호를 받는 저작물이므로
무단 전재와 무단 복제를 금합니다.

ISBN 978-89-491-5294-3 74410
ISBN 978-89-491-5290-5 (세트)

이 도서의 국립중앙도서관 출판시도서목록(CIP)은
서지정보유통지원시스템 홈페이지(http://seoji.nl.go.kr)와
국가자료공동목록시스템(http://www.nl.go.kr/kolisnet)에서
이용하실 수 있습니다. (CIP제어번호: CIP2020013247)

For the curious
www.dk.com

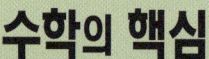

수, 연산, 기하, 수열, 통계, 확률까지

수학의 핵심

DK 『수학의 핵심』 편집위원회 지음 | 이현주 옮김

비룡소

차례

6 도대체 수학이 뭔데?

8 도대체 수와 연산이 뭔데?

10 시간을 아는 법
14 코로 수를 세는 법
16 소의 수를 세는 법
20 아무것도 없는 것을 숫자로 나타내는 법
24 음의 수가 되는 법
28 세금을 거두어들이는 법
32 비율을 사용하는 법
34 알지 못하는 값을 구하는 법

36 도대체 도형과 측정이 뭔데?

38 도형을 만드는 법
40 대칭을 이용하는 법
42 피라미드의 높이를 재는 법
46 들판의 넓이를 재는 법
50 지구의 크기를 재는 법
54 파이를 구하는 법
56 시간을 재는 법
60 좌표를 사용하는 법

| 64 | **도대체 규칙과 수열이 뭔데?** |

- 66 혜성의 움직임을 예측하는 법
- 70 억만장자가 되는 법
- 74 소수를 이용하는 법
- 76 영원히 갈 수 있는 법
- 78 비밀을 지키는 법

| 84 | **도대체 자료와 통계가 뭔데?** |

- 86 어림셈으로 사람들을 놀라게 하는 법
- 90 속임수를 찾아내는 법
- 94 인구수를 어림셈으로 구하는 법
- 98 자료로 세상을 변화시키는 법
- 102 큰 수들을 계산하는 법

| 106 | **도대체 확률과 논리가 뭔데?** |

- 108 한붓그리기로 여행을 계획하는 법
- 112 게임쇼에서 이기는 법
- 116 감옥을 탈출하는 법

- 120 수학과 인류의 역사
- 126 용어 설명과 정답
- 128 찾아보기

이 책에서 연도에 기원전이나 서기라는 말이 쓰이는 경우를 종종 볼 거예요. '기원전'이라는 말은 예수가 태어난 해를 기준으로 그 이전을 말해요. 다른 말로 공통 시대 이전(Before the Common Era)이라고도 하지요. 예수가 태어난 이후는 '서기'라고 하는데, 서기라는 말을 생략하고 연도만 쓰기도 해요.

도대체 수학이 뭔데?

수학의 재미난 역사는 수천 년 전으로 거슬러 올라가요. 수학의 역사에 대해 공부하면 인간의 사고가 긴 역사 동안 어떻게 진화해 왔는지를 알 수 있어요. 고대부터 현재까지 인류가 이루어 낸 놀라운 발전과 진보는 바로 수학을 능통하게 할 수 있었기 때문에 가능했어요.

시간 알기

고대에 인간이 달을 관찰하면서 날짜를 세었던 것에서부터 오늘날 초 단위를 쪼개어 잴 수 있는 매우 정교한 원자시계에 이르기까지 수학은 매 순간 우리와 함께 있어요.

길 찾기

지도에 길을 표시하던 때부터 최첨단 삼각 측량법을 사용하는 현대의 위성 항법 장치(GPS)에 이르기까지 수학은 인간이 세상을 항해하는 데 언제나 도움이 되어 왔어요.

농작물 키우기

고대에 과일이 언제 익을지 예측하던 것에서 수확량이 최대가 될 수 있도록 분석하는 현대의 수학 기법에 이르기까지 수학은 사시사철 우리가 음식을 먹을 수 있도록 해요.

예술을 창조하기

어떻게 비율이 완벽한 그림을 그리고, 기가 막히게 대칭적인 건물을 만들 수 있을까요? 고대 그리스의 황금비를 이용하든 그림의 원근법을 결정하는 절묘한 계산을 하든 간에 수학에 그 답이 있어요.

음악을 만들기

수학과 음악은 동떨어진 세상 같아 보이지만, 수학이 없었다면 박자와 리듬을 어떻게 셀 수 있겠어요? 수학은 높이가 다른 음들이 모여 화음을 이룰 때 좋게 들리는지 또는 그렇지 않은지를 알 수 있게 해 주어요.

우주를 이해하기

수학은 우리 인류가 밤하늘을 올려다보기 시작한 이후로 인간이 우주를 이해하는 데 도움이 되어 왔어요. 고대 선사인들은 선 그리기 셈법으로 달의 위상 변화를 기록했으며, 르네상스 시대의 과학자들은 행성의 궤도를 연구했어요. 수학은 우주의 비밀을 푸는 중요한 열쇠랍니다.

디자인과 건축

어떻게 해야 건물이 무너지지 않게 지을 수 있을까요? 건물을 실용적이고도 멋지게 지으려면 어떻게 해야 할까요? 건축가, 건설업자, 엔지니어가 결정을 내려야 할 때 수학은 중요한 토대가 되어요.

과학을 연구하기

어림짐작만으로는 사람이나 로봇, 위성을 우주로 보낼 수 없어요. 달과 그 너머까지 안전하게 도달하기 위해 로켓 과학자들이 궤도와 궤적을 정확히 계산하려면 수학이 필요해요.

생명 구하기

수학은 그야말로 생명의 은인이에요. 새로운 약을 시험하고, 복잡한 수술을 진행하거나, 위험한 질병을 연구하는 데에 수학이 필요해요. 어마어마하게 많은 수학적 분석이 없었다면 의사, 간호사, 과학자들이 사람의 생명을 구하지 못했을 거예요.

돈 벌기

수천 년 전 사람들이 셈을 시작한 때부터 오늘날 국제적인 통상과 교역을 설명하고, 관리하고, 예측하는 현대의 복잡한 수학적 모델에 이르기까지 경제 분야에도 수학이 빠질 수 없어요.

컴퓨터로 계산하기

에이다 러브레이스가 세계 최초로 컴퓨터 프로그램을 만들었을 때에는 자신이 연구한 수학이 세상을 어떻게 변화시킬지 아마 상상도 못했을 거예요. 오늘날의 텔레비전, 스마트폰, 컴퓨터는 수백만 번의 계산으로 기가바이트 단위의 데이터를 초고속 인터넷을 통해 전송시켜요.

도대체 수와 연산이 뭔데?

수를 세고 계산할 수 있는 숫자가 없었다면 수학은 그리 발전하지 못했을 거예요. 고대인들이 사용하던 단순한 덧셈부터 우주의 원리를 설명하는 오늘날의 대수 방정식에 이르기까지, 수와 연산은 수학이 처음으로 연구되기 시작했던 때뿐 아니라 현재에도 가장 중요한 기초를 이루어요.

시간을 아는 법

셈법의 역사는 3만 5,000년 전 아프리카에 살았던 고대인의 시대까지 거슬러 올라가요. 역사가들에 따르면 우리 인류의 조상들은 달의 모양이 변화하는 것을 선을 그려서 기록하며 날짜를 세었다고 해요. 동물들이 어느 시기에 어디로 무리지어 이동하는지, 어떤 과일과 열매가 언제 먹을 수 있을 만큼 익는지 예측하는 것은 수렵 채집인들의 생존에 매우 중요했어요.

달의 위상 변화 주기 초반에, 달은 손톱만 해요.

달의 위상 변화 주기 중반에, 크고 밝은 보름달이 떠요.

1 고대인들은 하늘에 뜬 달의 모양이 주기적으로 변하는 것을 알게 되었어요.

2 달의 모양 변화를 관찰하면 언제 또 같은 일이 일어나는지를 예측할 수 있다는 것을 알아차렸어요.

선 그리기 셈법

수를 세는 가장 간단한 방법은 선을 그리는 것이었어요. 처음에는 물체의 수만큼 선을 그려서 나타냈어요. 하지만 선의 개수가 많아지자 하나씩 세는 방법으로는 읽기가 어려워졌어요. 예를 들어 100을 나타내기 위해 그려 놓은 선이 100개 있다고 생각해 보세요! 그래서 읽기 쉽게 하기 위해 선을 다섯 개씩 묶어서 표시하기 시작했어요.

5는 네 개의 선 위에 다섯 번째 선을 가로질러 표시해요.

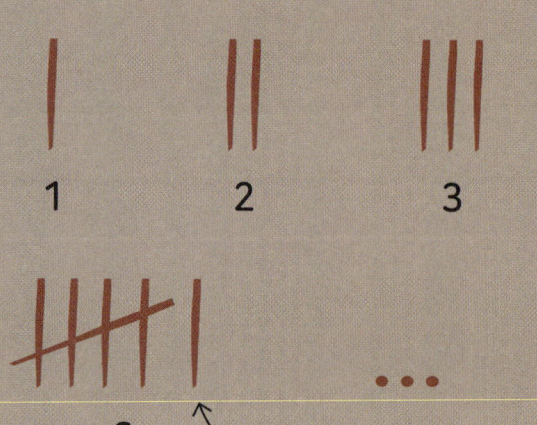
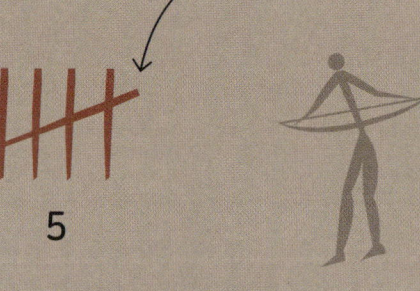
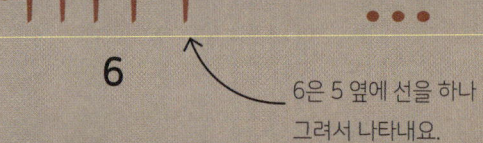
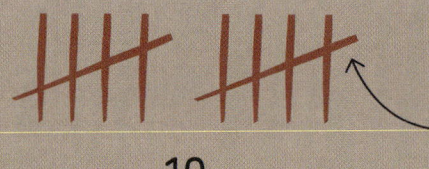

6은 5 옆에 선을 하나 그려서 나타내요.

10은 5 옆에 선 네 개를 더 그리고 위에 열 번째 선을 가로질러 표시하지요.

점과 선을 사용하는 셈법

시간이 지나면서 수를 세는 데 점과 선을 사용하기 시작했어요. 숫자 1에서 4까지는 점으로 표시하고 5부터는 점과 점을 연결하여 선을 그려요. 숫자 10은 각각의 모서리에 있는 점을 연결한 네모 안에 대각선 두 개를 그리면 돼요.

5는 점 두 개를 연결하는 선을 그어 표시해요.

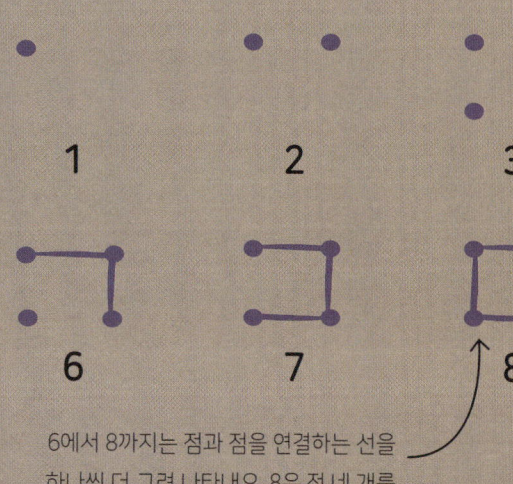
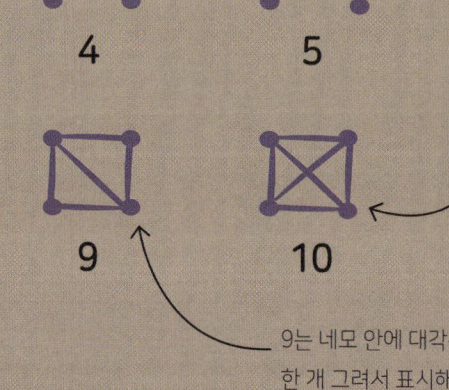

네모 안에 대각선 두 개를 그리면 10이 되지요.

6에서 8까지는 점과 점을 연결하는 선을 하나씩 더 그려 나타내요. 8은 점 네 개를 선 네 개로 연결한 네모 모양이에요.

9는 네모 안에 대각선을 한 개 그려서 표시해요.

바를 정(正) 자 셈법

중국과 한국을 비롯한 한자 문화권에서는 획이 다섯 개인 바를 정(正) 자를 사용하여 수를 세었어요. 글자의 위와 아래의 획이 길어 다섯 개 묶음을 쉽게 확인할 수 있었어요.

퍼즐

아래의 그림들이 나타내는 수를 맞혀 보세요.
다섯 개나 열 개씩 묶어 세는 방법을 잊지 마세요.

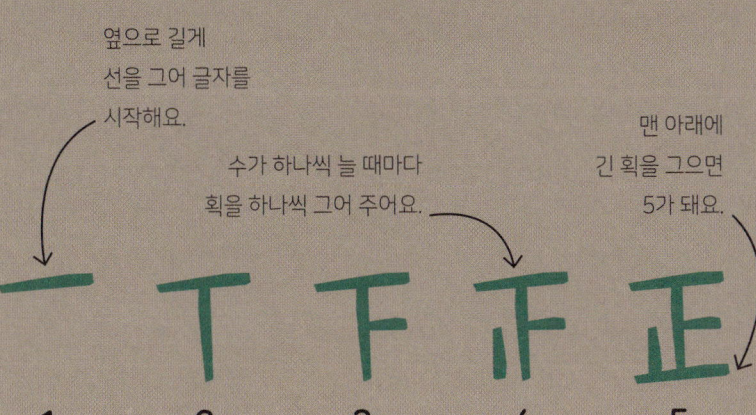

한번 해 볼까요?
선 그리기

선 그리기 셈법은 공원 같은 곳에서 동물의 수를 세기에 좋은 방법이에요. 동물을 볼 때마다 써 놓은 숫자를 지우고 다시 쓰는 대신에 선을 하나씩 추가로 그리면 되니까요.

나비	||||
새	✕✕|
벌	✕||

직접 한번 해 볼까요. 여러분의 집 주변에서 한 시간 동안 나비나 새, 벌을 몇 마리나 볼 수 있는지 세어 봐요.

현실 속 수학

이상고 뼈

오른쪽 사진은 현재의 콩고 민주 공화국에서 1960년에 발견된 개코원숭이의 다리뼈예요. 이 뼈는 2만 년이 넘은 것으로 추정되는데 자세히 보면 선이 가로로 빼곡히 새겨져 있어요. 2만 년 전에 고대인들이 수를 사용했다는 사실을 생생하고 구체적으로 밝혀 주는 증거이지요. 하지만 고대인들이 무엇을 기록하려고 했는지는 현재로서는 알 수가 없어요.

코로 수를 세는 법

인류가 사용한 최초의 계산기는 바로 인간의 몸이었어요. 인간이 숫자를 적기 시작하기 전에는 거의 대부분 손가락을 사용하여 수를 세었어요. 사실 숫자를 뜻하는 영어 단어 디짓(digit)은 라틴어로 '손가락'과 '숫자'를 모두 의미하는 디지투스(digitus)에서 왔어요. 사람의 손가락이 모두 열 개이기 때문에 우리가 사용하는 거의 대부분의 셈법은 10을 한 묶음으로 하고 있어요. 하지만 신체의 다른 부위를 사용하던 문명도 있었어요. 예를 들어 코를 사용했던 것처럼요!

10개씩 세기

우리가 오늘날 사용하는 십진법은 아마도 손가락으로 수를 세기 시작하면서 시작되었을 거예요. 십진법을 뜻하는 영어의 '데시멀(decimal)'은 라틴어로 숫자 10을 뜻하는 '디셈(decem)'에서 왔어요. 십진법, 즉 10을 기준으로 하는 이 방법은 수를 열 개씩 묶는다는 뜻이에요.

20개씩 세기

북아메리카와 중앙아메리카의 마야와 아스테카 문명에서는 20을 기준으로 하는 셈법을 사용했어요. 아마도 손가락 열 개와 발가락 열 개를 사용했던 것 같아요.

60개씩 세기

고대 바빌로니아 사람들은 60을 기준으로 수를 세었어요. 한쪽 손의 엄지로 네 손가락의 마디를 하나씩 세면 12이고, 다른 손의 한 손가락당 12라고 치면 총 60이 돼요. 오늘날 우리가 사용하는 시간, 즉 한 시간이 60분이고 1분이 60초인 개념은 바로 고대 바빌로니아 사람들 덕분에 세워졌지요.

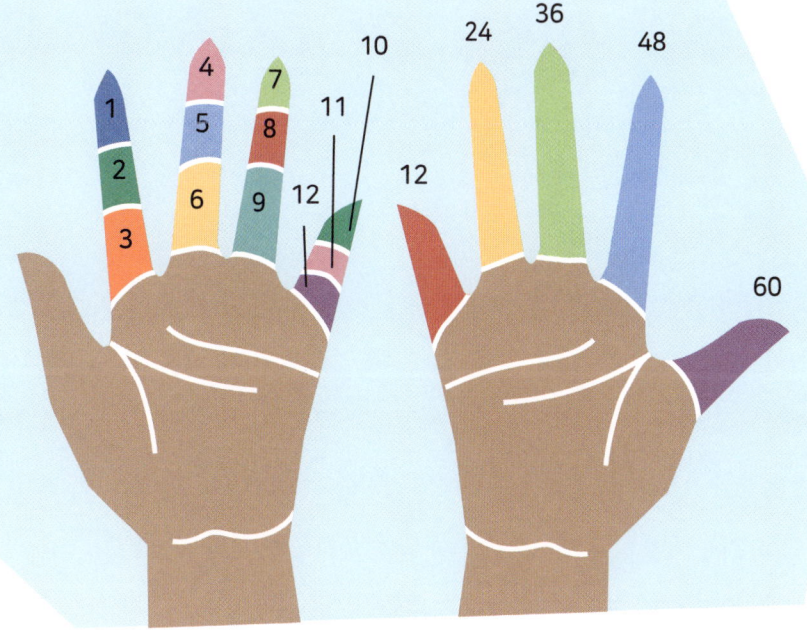

27개씩 세기

파푸아 뉴기니의 몇몇 종족은 신체의 부위를 이용한 27진법을 전통적으로 사용해 왔어요. 한 손의 손가락을 시작으로(1~5), 팔을 따라 올라가서(6~11), 얼굴의 코까지 다다른 후(12~14), 다른 쪽 팔을 지나 손까지 이르면 27을 셀 수 있어요(15~27).

외계인의 셈법

만약 외계인의 손가락이 또는 촉수가 총 여덟 개라면 외계인들은 팔진법을 사용할지 몰라요. 팔진법으로도 여전히 수학을 할 수 있을 거예요. 우리가 쓰는 십진법의 방식과는 좀 다르긴 하겠지만요.

소의 수를
세는 법

6,000여 년 전 메소포타미아, 현재의 이라크 지역에 자리했던 비옥한 평야 지역에 수메르 문명이 번영했어요. 점점 더 많은 사람들이 땅을 소유하게 되었고, 토지에 밀을 키우거나 소나 양과 같은 가축도 기르게 되었어요. 수메르의 상인들과 세금 관리인들은 교역한 물건의 수량이 얼마나 되는지, 세금을 얼마만큼 걷어야 하는지를 기록하고 싶어졌어요. 그래서 동굴 속에 살던 고대인들이 사용하던 선을 그어 수를 세는 방법이나 신체 부위를 사용하는 방법보다는 좀 더 복잡한 방법을 개발하여 사용하기 시작했어요.

1 수메르의 상인들과 세금 관리인들은 물건을 사고판 내용과 세금을 얼마만큼 걷어야 하는지를 기록하기 위해서 사람들의 소유물을 추적할 수 있는 방법을 만들었어요.

2 동물이나 다른 일반적인 소유물들을 점토로 작게 빚어 나타냈어요. 각 개인의 재산을 헤아린 후에 그 종류와 수에 맞는 작은 점토 조각들을 속이 빈 젖은 점토 공 안에 넣었어요. 점토 공이 다 말라 단단해지면 그 안의 작은 점토들에 함부로 손댈 수가 없었지요.

상인이나 세금 관리인이 공 안에 점토 조각이 얼마나 들었는지 확인하려면 공을 깨야만 했어요.

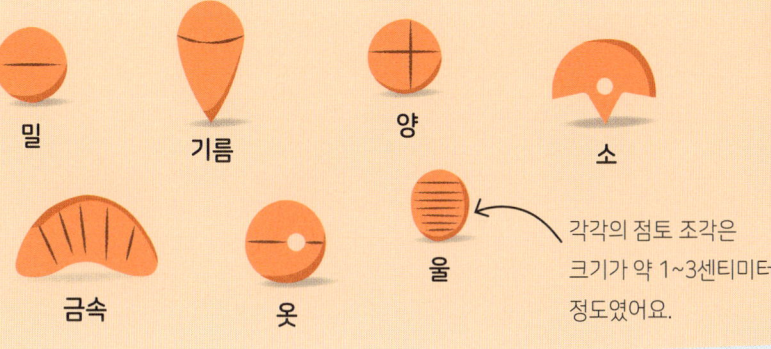

각각의 점토 조각은 크기가 약 1~3센티미터 정도였어요.

3 수메르 사람들은 작은 점토 조각을 젖은 점토 공의 겉면에 찍어 기록하는 방법을 사용하기 시작했어요. 그렇게 하면, 안에 들어 있는 것을 확인하기 위해 공을 깰 필요가 없었지요.

4 훗날 메소포타미아 사람들은 수를 표현하는 기호를 사용하여 한층 더 발전된 체계를 만들었어요. 이렇게 해서 더 많은 수의 가축과 물건들을 기록할 수 있게 되었어요.

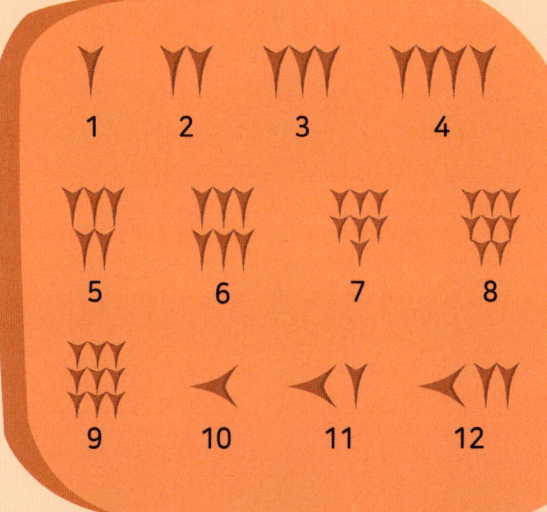

끝이 뾰족한 갈대 펜을 사용하여 점토판에 수를 새겼어요.

세로 표시는 각각 1을 나타내고, 가로 표시는 10을 나타내요. 예를 들어 가로 표시 하나와 세로 표시 두 개는 숫자 12를 뜻해요.

17

고대의 숫자들

수의 체계를 사용했던 고대 문명이 수메르인들만은 아니었어요. 다른 많은 사회에서도 수를 나타낼 수 있는 방법을 찾았어요. 고대 이집트 사람들은 고유한 상형 문자를 사용하여 숫자를 나타냈고, 후에 로마 사람들은 글자를 이용한 숫자 표기법을 개발했어요.

이집트 상형 문자

고대 이집트에서는 단어의 뜻을 그림으로 나타냈는데 이 그림을 상형 문자라고 해요. 기원전 3000년경에 이집트인들은 1, 10, 100 등과 같은 각각의 숫자를 상형 문자로 나타냈어요.

로마 숫자

고대 로마인들은 글자를 사용해서 자신들만의 수 체계를 만들었어요. 작은 수가 큰 수 뒤에 오면 큰 수에 작은 수를 더하라는 뜻이에요. 예를 들어, XIII는 10 + 3으로 13을 뜻해요. 반대로, 작은 수가 큰 수 앞에 오게 되면 큰 수에서 작은 수를 빼라는 뜻이에요. 예를 들어 IX는 10 - 1 = 9을 뜻해요.

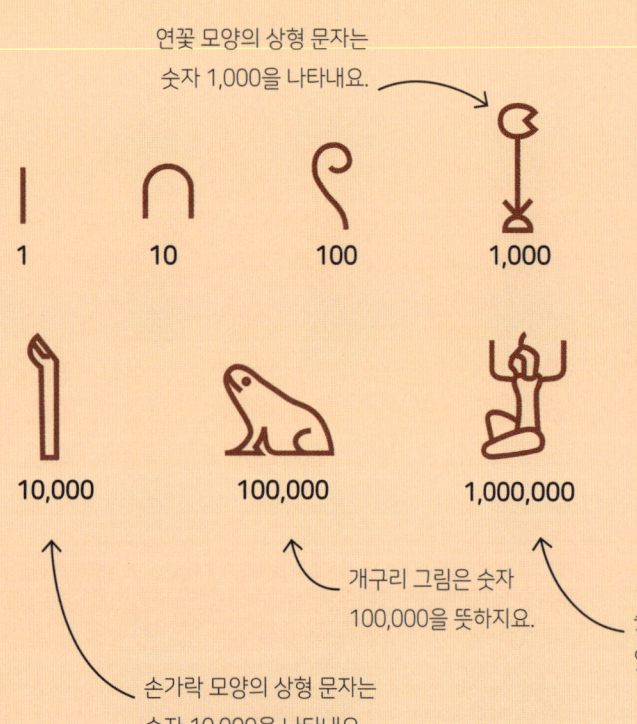

연꽃 모양의 상형 문자는 숫자 1,000을 나타내요.

개구리 그림은 숫자 100,000을 뜻하지요.

숫자 1,000,000은 양손을 들고 있는 신의 모습으로 나타내요.

손가락 모양의 상형 문자는 숫자 10,000을 나타내요.

I	II	III	IV	V
1	2	3	4	5
VI	VII	VIII	IX	X
6	7	8	9	10
XX	L	C	D	M
20	50	100	500	1,000

현실 속 수학

오늘날에도 쓰는 고대 숫자

로마 숫자는 현재에도 여전히 쓰여요. 옆의 시계에 사용된 것과 같이 시계 문자판에도 쓰고, 왕과 여왕의 칭호에 붙여 쓰기도 하지요. 영국의 엘리자베스 여왕 2세를 엘리자베스 II와 같이 쓸 수도 있어요. 때로는 숫자 4를 오른쪽 시계처럼 IV 대신 IIII로 쓰기도 해요.

18

오늘날의 숫자들

기원전 3세기경 인도에서는 선을 그리는 셈법을 브라흐미 숫자로 발전시켰어요. 9세기경에는 이것이 오늘날 인도 숫자로 일컬어지는 형태로 진화하게 되었어요. 아라비아의 학자들은 인도의 수 체계를 받아들여 서구식 아라비아 숫자로 바꾸어 썼고, 이 숫자들은 점차 유럽 전역으로 퍼져 나갔어요. 시간이 흐르면서 인도-아라비아 숫자가 유럽에서 정착했고, 오늘날 전 세계에서 가장 많이 쓰이는 숫자 체계가 되었어요.

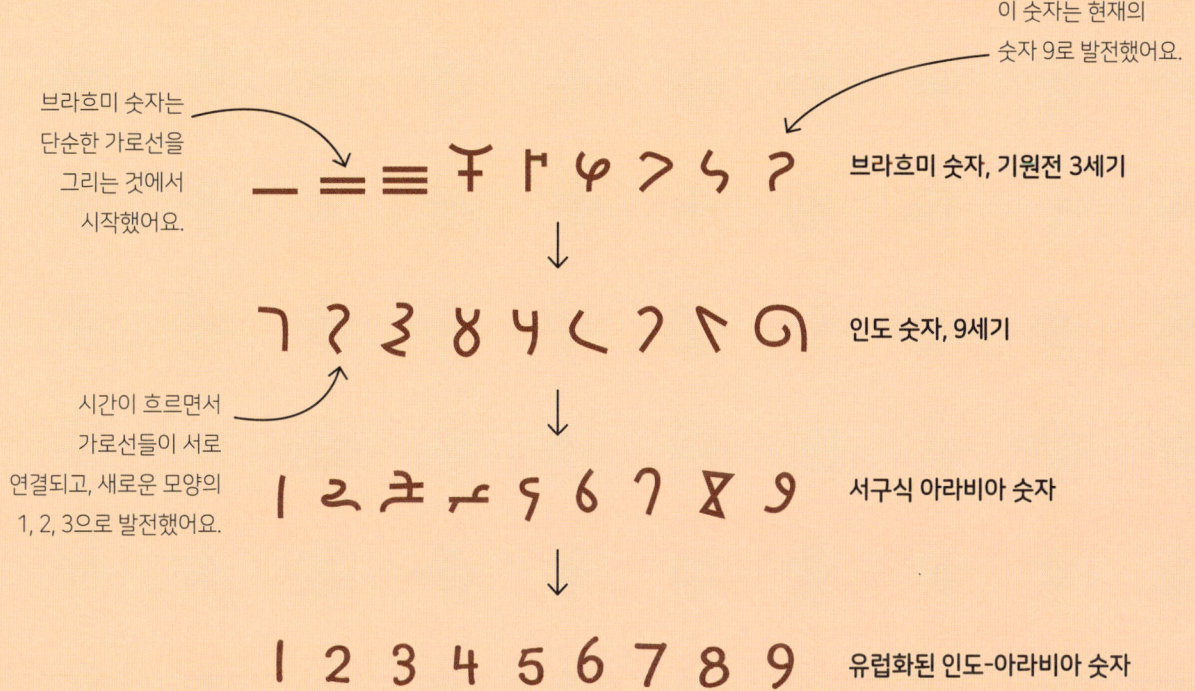

한번 해 볼까요?
생일을 표시하는 법

이집트학 연구로 잘 알려진 영국의 고고학자 하워드 카터는 1874년 5월 9일에 태어났어요. 카터의 생일을 이집트의 상형 문자나 로마 숫자로는 어떻게 쓸 수 있을까요?

이집트 상형 문자

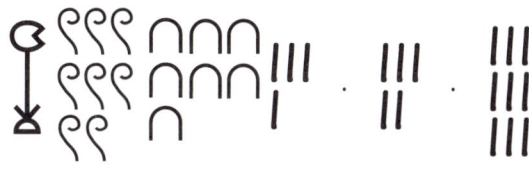

로마 숫자   MDCCCLXXIV · V · IX

이제 여러분의 생일을 이집트 상형 문자나 로마 숫자로 바꾸어 써 보세요.

아무것도 없는 것을 숫자로 나타내는 법

"아무것도 없다"는 추상적인 개념이 실제의 숫자 '영'으로 표현되는 과정은 전 세계 문명의 영향을 받으며 오랜 시간에 걸쳐 이루어졌어요. 숫자 영은 오늘날 수를 표시할 때 같은 숫자라도 숫자의 위치에 따라 다른 값을 나타내는 위치값 기수법의 핵심이라고 할 수 있어요. 예를 들어, 숫자 110에서 0은 일(1)이 몇 개 있는지를 나타내지만, 숫자 101에서 0은 십(10)이 몇 개 있는지를 나타내지요. 그리고 영은 그 자체로 더하거나, 빼고, 곱할 수 있는 고유한 숫자로서의 의미가 있어요.

빈 공간

위치값 기수법을 최초로 사용했던 사람들은 바빌로니아인들이었어요. 하지만, 바빌로니아인은 영이란 수를 생각하지 못했고 따라서 그에 맞는 숫자가 없었어요. 대신에 그 자리를 빈칸으로 남겨 두었지요. 이 방법은 101과 1001이 같은 방식으로 표기되기 때문에 매우 혼란스러웠어요.

11 = 11

1　1 = 101 또는 1001?

0이 없다면 수가 실제로 얼마나 큰지 알기 어려워요!

기원전 2000년

기원전 500년

전혀 필요없음

로마의 숫자 체계는 영이라는 숫자가 필요하지 않았기 때문에 로마에서는 영의 개념이 생겨나지 않았어요. 로마인들은 어떤 수를 표현할 때 위치값 기수법이 아닌 글자로 나타냈기 때문이에요. 예를 들어, 1201이라는 수를 쓸 때 영 없이 다음과 같이 표현할 수 있었어요.
MCCI = 1000 + 100 + 100 + 1 = 1201

CI = 100 + 1
MI = 1000 + 1

골치 아픈 계산

고대 그리스인들에게도 영을 나타내는 숫자가 없었어요. 고대 그리스의 철학자 아리스토텔레스는 영이라는 개념 자체를 싫어했어요. 왜냐하면 어떤 수든 아무것도 없는 수로 나누려고 할 때마다 계산이 엉켜 버렸기 때문이에요.

마야의 조개

중앙아메리카의 고대 마야 문명은 조개로 '영'을 표현했는데, 아마도 숫자로서는 아니었던 것 같아요. 고대 바빌로니아인들이 숫자 사이에 빈 공간을 남겨 두었던 것처럼 마야인들의 조개는 공간을 채우는 역할로 쓰였어요.

기원전 350년

기원전 1세기

서기 628년

영의 법칙

영이라는 개념을 숫자로 처음 생각해 낸 사람은 바로 인도의 수학자 브라마굽타였어요. 브라마굽타는 영의 법칙을 네 가지로 고안했어요.

· 영에 어떤 수를 더하면, 그 수는 변하지 않는다.
· 어떤 수에서 영을 빼면, 그 수는 변하지 않는다.
· 어떤 수에 영을 곱하면, 영이다.
· 영을 영으로 나누면, 영이다.

이 중에서 세 가지 법칙은 지금도 여전히 쓰이지만, 마지막 네 번째 법칙 영으로 나누기는 불가능하다는 사실을 이제는 알고 있어요.

이거 알아요?

영으로 나누기

영으로 나누는 것은 불가능해요. 어떤 수를 영으로 나눈다는 것은 그 수를 아무것도 없는 묶음으로 동일하게 배분해야 한다는 것과 같은 의미예요. 하지만, 아무것도 없는 묶음이란 결국 있을 수 없는 것이니까요.

멀리 퍼져나감

바그다드, 현재의 이라크 지역에 살았던 무함마드 알콰리즈미는 수학에 관한 책을 많이 썼어요. 알콰리즈미가 사용하던 인도식 숫자 체계에는 숫자 영이 포함되어 있었지요. 그의 책들은 다른 언어로 많이 번역되었는데, 이는 숫자로서의 영이라는 개념이 널리 전파되는 계기가 되었어요.

북아프리카에서의 영

영의 개념은 북아프리카를 이동하던 아라비아의 상인들이 다른 나라에서 온 상인들과 교역을 하면서 퍼져 나갔어요. 그 당시 유럽에서 불편한 로마 숫자를 쓰던 상인들은 영의 개념을 빠르게 받아들였어요.

9세기

1202년

11세기

'아무것도 없음'에 대한 분노

북아프리카를 여행하던 이탈리아의 수학자 피보나치는 영에 관한 이야기를 듣고 『주판서』라는 산술에 관한 책에 썼어요. 하지만 이 책은 영 또는 '아무것도 없음'을 악으로 규정하던 당시 종교 지도자들을 화나게 만들었어요. 1299년 이탈리아의 피렌체 지역에서는 영의 사용이 금지되었어요. 사람들이 0을 9로 쉽게 위조해서 쓸까 봐 권력자들이 우려했기 때문이에요. 하지만 사람들은 숫자 영을 쓰면 편리했기 때문에 계속 몰래 사용했어요.

아무것도 안 쓰기

한편 중국에서는 별도의 숫자 체계가 발전하고 있었어요. 8세기 무렵부터 중국의 수학자들은 영이라는 의미로 빈 공간을 남겨 두었는데, 13세기에는 자리를 비우는 대신 동그란 원을 그려 넣기 시작했어요.

컴퓨터 언어

오늘날의 컴퓨터, 스마트폰을 비롯한 모든 디지털 기술은 0의 개념이 없었다면 생겨나지 못했을 거예요. 디지털은 소위 이진법이라는 체계를 사용하는데, 이는 모든 명령을 0 또는 1의 숫자로 정렬해서 쓰는 방법이에요.

13세기

17세기

현재

새로운 발전

16세기 무렵에는 인도-아라비아의 숫자 체계가 유럽 전역에 퍼져서 숫자 영을 자유롭게 사용했어요. 0을 사용하게 되자 그 전의 번거로운 로마 숫자 체계로는 불가능했던 복잡한 계산이 가능해졌어요. 이로 인해 17세기에 아이작 뉴턴과 같은 수학자의 연구에 큰 발전을 가져오게 되었어요.

이거 알아요?

0년

서기 2000년이 되었을 때 전 세계 곳곳에서 새로운 밀레니엄*의 시작을 알리는 축제가 열렸어요. 한편 축제를 열기엔 너무 이르다고 생각한 사람들이 있었어요. 그들의 논리에 따르면 진짜 밀레니엄의 시작은 서기 2001년 1월 1일이어야 한다는 거예요. 왜냐하면 서기 0년은 없기 때문이에요.

*연도를 1000년 단위로 세는 것. 첫 번째 밀레니엄은 1년부터 1000년까지를 뜻해요.

$$x^2 - 3x - 4 = 0$$
$$4x^2 - 3x - 1 = 0$$
$$\int_0^{\frac{2\pi}{5}} - \int_0^a \frac{ar}{\sqrt{a^2 - ar}}$$

1. 고대 중국 상인들은 들어오고 나가는 돈을 관리할 계산 체계가 필요했어요. 그래서 빨간색 산가지로는 번 돈을, 검은색 산가지로는 쓴 돈을 나타내기로 하고, 산가지들을 대나무 계산판에 올려놓고 계산했어요.

음의 수가 되는 법

음의 수를 최초로 사용한 시기는 고대 중국으로 거슬러 올라가요. 중국의 상인들은 산가지라고 불리는 상아나 대나무로 만든 막대기를 사용하여 거래 명세를 기록하고 빚을 지지 않도록 관리했어요. 빨간색 산가지는 양의 수를 나타내고 검은색 산가지는 음의 수를 나타냈어요. 오늘날 누군가 돈을 빌리고 갚지 못했을 때 빨간색으로 경고하는 것과는 색이 반대였지요. 그 후 인도의 수학자들이 음의 수를 사용하기 시작했는데, 이때도 역시 오늘날과는 반대로 숫자 앞에 + 부호를 붙여서 음의 수를 나타냈어요.

2 산가지를 올리는 계산판은 격자 모양으로 칸의 위치에 따라 숫자의 값이 달라지는 '위치값' 체계로 발전하게 되었어요.

3 산가지 한 개를 세로로 놓으면 1이고, 2에서 5까지는 산가지를 세로로 하나씩 추가해서 나타냈어요. 또 가지 하나를 가로로 놓고 하나씩 세로로 덧붙여서 6에서 9까지를 나타냈지요.

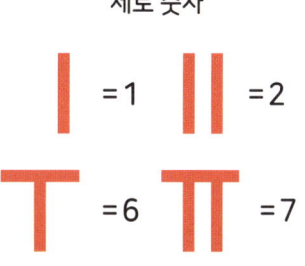

세로 숫자

| = 1   ‖ = 2
⊤ = 6   ⊓ = 7

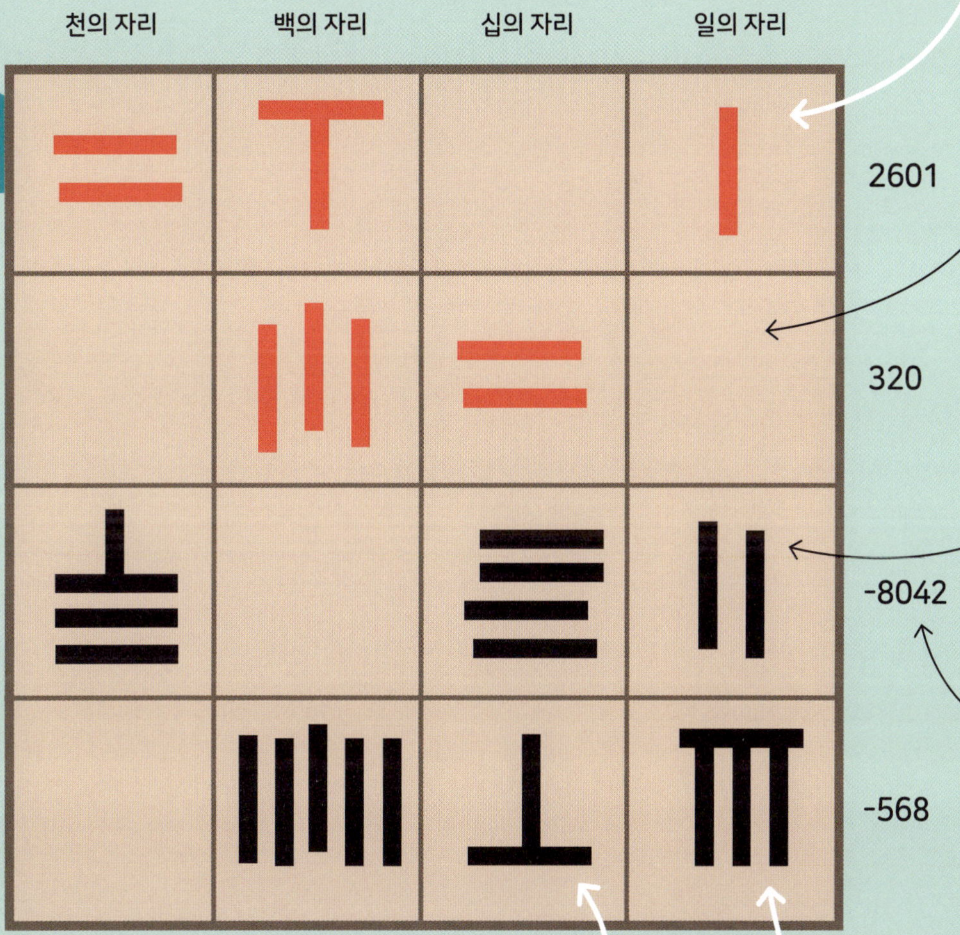

천의 자리 | 백의 자리 | 십의 자리 | 일의 자리

2601

320

-8042

-568

숫자 0이 생기기 전에는 빈칸으로 영을 나타냈어요.

위치값 체계는 현재의 것과 매우 비슷해요. 이 칸에 세로로 놓인 산가지 두 개는 2를 나타내지만 만약 이것이 백의 자리 열에 놓여 있다면 200을 뜻하게 돼요.

이 행에 있는 산가지들은 천의 자리 8, 백의 자리 0, 십의 자리 4, 일의 자리 2를 나타내고 검은색이니까 -8,042를 뜻해요.

4 다음 열 '십의 자리'에는 산가지를 가로로 놓기 시작해요. 산가지 한 개를 가로로 놓은 다음 세로로 하나씩 덧붙여 6에서 9까지의 숫자를 나타냈어요. 그리고 그다음 열 '백의 자리'에는 산가지를 다시 세로로 놓기 시작해요. 각각의 줄을 따라 이런 방법으로 번갈아 나타냈어요.

가로 숫자

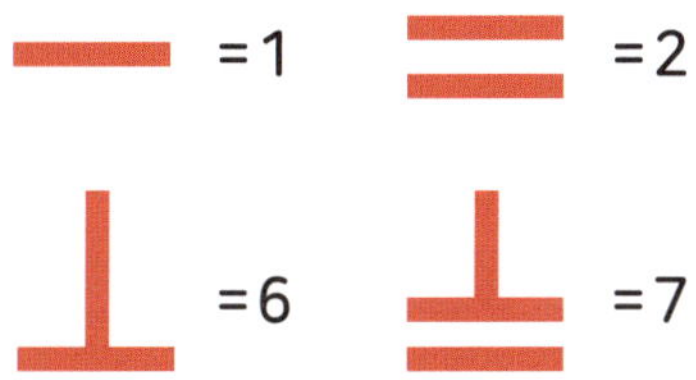

─ = 1   ═ = 2
⊥ = 6   ⊥ = 7

5 빨간색 산가지는 양의 수로 받은 돈을, 검은색 산가지는 음의 수로 쓴 돈을 나타내지요.

음의 숫자들

음의 수가 어떻게 사용되는지를 눈으로 볼 수 있는 가장 쉬운 방법은 0을 중심으로 한 수직선을 그리는 거예요. 0보다 오른쪽에 있는 수들은 모두 양의 수이고, 0보다 왼쪽에 있는 수들은 모두 음의 수예요. 0보다 크면 양수, 0보다 작으면 음수라고 해요. 오늘날에는 숫자 앞에 – 부호를 붙여서 음수를 나타내요.

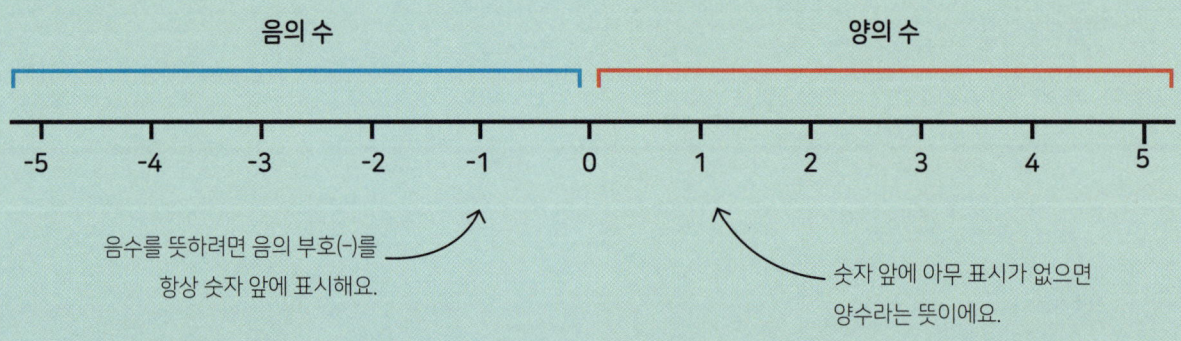

음수를 뜻하려면 음의 부호(–)를 항상 숫자 앞에 표시해요.

숫자 앞에 아무 표시가 없으면 양수라는 뜻이에요.

양수와 음수의 덧셈

어떤 수에 양수를 더하게 되면 그 수만큼 수직선을 따라 오른쪽으로 움직여요. 음수에 그보다 큰 양수를 더하게 되면 양수가 되겠지요. 어떤 수에 음수를 더하려면 그 수만큼 수직선을 따라 왼쪽으로 움직이는데, 이는 같은 양수만큼을 빼 주는 것과 같아요.

양수를 더할 때는 수직선을 따라 오른쪽으로 움직여요.

(-2) + 3 = 1

읽기 쉽게 하기 위해서 음수에 괄호를 붙여 줘요.

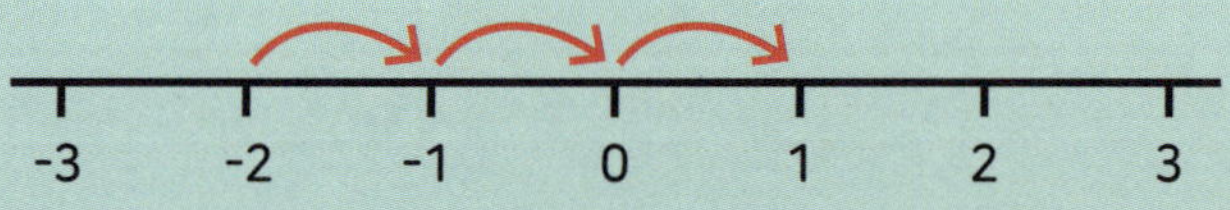

1 + (-2) = -1
1 - 2 = -1

어떤 수에 음수를 더한다는 말은 같은 값의 양수를 빼 준다는 것과 같은 뜻이에요.

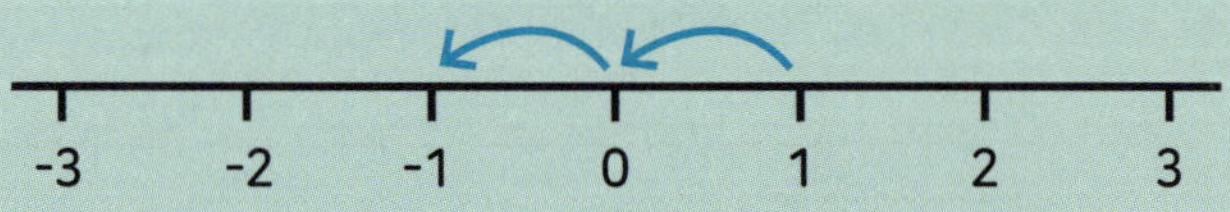

양수와 음수의 뺄셈

음수에서 양수를 뺄 때는 일반적인 뺄셈으로 수직선을 따라 그 수만큼 왼쪽으로 움직이면 돼요. 하지만 양수이든 음수이든 어떤 수에서 음수를 뺄 때는 '이중 부정'이 되어 두 개의 음의 부호는 없어져요. 결과적으로 같은 값의 양수만큼을 더해 주는 셈이 되지요.

음수에서 양수를 뺄 때는 일반적인 뺄셈 방법으로 해요.

(-1) - 2 = -3

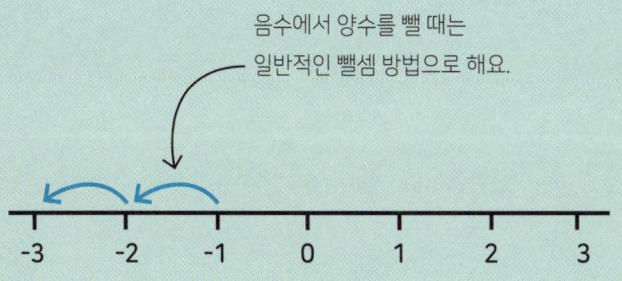

두 개의 음의 부호가 합쳐져 더하기로 바뀌어요.

(-2) - (-4) = 2
(-2) + 4 = 2

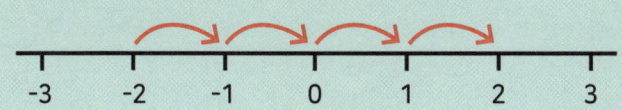

한번 해 볼까요?
극한의 온도

지구의 온도는 매우 다양해요. 지표면이 가장 뜨거웠던 기록은 1913년 7월 10일, 미국 캘리포니아주 데스밸리의 섭씨 57도(화씨* 134도)였어요. 그리고 지금까지 기록된 것 중 가장 추운 온도는 섭씨 -89도(화씨 -128도)로 1983년 7월 21일 남극에 위치한 러시아의 보스토크 기지에서 관측된 기온이에요.

지구가 가장 뜨거울 때와 가장 추울 때의 온도 차이는 얼마인가요?
두 수의 차이는 큰 수에서 작은 수를 빼서 계산해요.

섭씨로 답을 구하려면 57 - (-89)로 계산하면 되고, 화씨로 답을 구하려면 134 - (-128)로 계산하면 되겠지요. 가장 뜨거운 때와 가장 차가운 때의 온도차는 각각의 단위로 얼마일까요?

*우리나라는 온도의 단위로 섭씨 ℃를 사용하지만, 미국과 같이 화씨 ℉를 사용하는 나라도 있어요.

현실 속 수학

해수면 높이

해수면보다 낮은 곳의 높이를 말할 때에도 음수를 써요. 아제르바이잔의 수도 바쿠는 해수면보다 28미터 아래에 위치해 있어요. 즉, 해발 고도가 -28미터라고 하지요. 이곳은 지구에서 해발고도가 가장 낮은 수도예요.

세금을 거두어들이는 법

슈퍼마켓에서 얼마만큼 할인을 받았는지, 또는 배터리가 어느 정도 충전됐는지 확인하는 것과 같이 양을 비교할 때는 백분율(퍼센티지)을 사용하면 편리해요. 백분율은 고대부터 세금을 걷을 때 사용되곤 했어요. 고대 로마 제국에서는 군대를 위해 쓸 돈을 모으기 위해 재산이 있는 사람들로부터 세금을 거두어들였어요. 세금 관리인들은 사람마다 부의 정도가 다르기 때문에 모두에게서 같은 금액을 걷는 것은 공정하지 않다고 생각했지요. 그래서 세금으로 정확히 재산의 100분의 1, 또는 1퍼센트씩 내도록 기준을 세웠어요.

2 이 사람은 가난해요. 자기가 가진 모든 재산의 100분의 1만큼을 세금으로 내요.

이 사람의 세금은 적어요. 겨우 동전 하나를 내요.

1 세금 관리인은 각각의 개인이 소유한 재산이 얼마인지를 확인하고 총 재산의 100분의 1만큼을 세금으로 받았어요.

가진 게 별로 없어요.

계산해 보세요!
백분율 구하기

백분율은 기호 %로 쓰고, 라틴어에서 온 '퍼센트'라고 말해요. 이것은 '100중에서' 또는 '100개당'이라는 뜻이에요. 예를 들어, 100개의 동전 중에서 1개가 금이라면, 동전 중에 금이 1퍼센트(%) 있다고 말해요.

$\dfrac{1}{100}$ 은 1%와 같아요.

$\dfrac{75}{100}$ 은 75%와 같아요.

3 이 사람도 가진 총 재산의 100분의 1만큼을 세금으로 내요. 하지만 첫 번째 사람보다는 돈이 많기 때문에 그보다는 더 많은 세금을 내지요.

4 돈이 아주 많은 부자도 다른 사람들과 마찬가지로 같은 백분율로 총 재산의 100분의 1을 세금 관리인에게 세금으로 내요. 낸 돈은 앞의 두 사람보다 훨씬 많지만, 총 재산에 대한 비율은 같아요.

이 사람은 가난한 사람보다는 돈이 많지만 부자보다는 가진 것이 적어요.

세금을 가난한 사람보다는 많지만 부자보다는 적게 내요.

이 사람은 여기 있는 셋 중에서 세금을 가장 많이 내요.

세 사람 중 돈이 가장 많기 때문이에요.

로마인 세 명이 낸 세금이 얼마인지 알아보려면, 각자가 가진 총 동전의 양을 단순히 100으로 나누면 돼요. 이 방법은 각 개인이 가진 재산에서 같은 비율만큼 내는 것이기 때문에 똑같은 금액을 내는 것보다는 더 공정한 방법이었어요.

100개 동전의 1%
= 동전 1개

3,000개 동전의 1%
= 동전 30개

10,000개 동전의 1%
= 동전 100개

모든 것을 비율로

로마 황제가 총 250,000개의 동전을 세금으로 걷었다고 가정해 봐요. 그중에 20%는 길을 새로 만드는 데 쓰고, 나머지 80%는 로마 제국 군대를 위해 쓰려고 해요. 모은 동전이 총 250,000개라면 새로운 길을 만드는 데에는 얼마만큼의 동전이 쓰일까요? 그리고 군대를 위해 쓸 수 있는 동전은 얼마만큼 남아 있을까요?

퍼즐

만약에 어떤 게임기를 25% 할인해서 24만 원에 샀다면, 게임기의 원래 가격은 얼마였을까요?

먼저 총 금액의 1%를 구하기 위해 250,000을 100으로 나누어요.

250000의 1% = 250000 ÷ 100 = 2500

그다음 2,500을 구하고자 하는 백분율로 곱해요. 즉, 이 경우에는 20%이니까

2500 × 20 = 50000 = 동전 50,000개

즉, 새로운 길을 만드는 데 이만큼의 동전을 사용해요.

그리고 총 금액 250,000에서 새 길을 만드는 데 쓸 동전 50,000개만큼을 빼요.

250000 - 50000 = 200000

그러면, 군대를 위해서 쓸 수 있는 동전은 200,000개가 되지요.

역 백분율

만약 황제가 동상을 만드는 데 전체 세금의 40%를 쓰기로 결정했고 그것에 해당하는 금액이 동전 16,000개라면, 원래 그가 모은 총 세금은 얼마였을까요?

원래의 총 금액을 계산하려면, 1%에 해당하는 것이 얼마만큼인지를 먼저 구하고 나서 그 값에 100을 곱하면 되겠지요.

먼저, 원래 금액의 1%가 얼마인지를 알기 위해 16,000을 40으로 나누어요.

16000 ÷ 40 = 400 = 동전 400개

그 값에 100을 곱해요.

400 × 100 = 40000 = 동전 40,000개

즉, 황제가 원래 모았던 총 세금의 양은 동전 40,000개였어요.

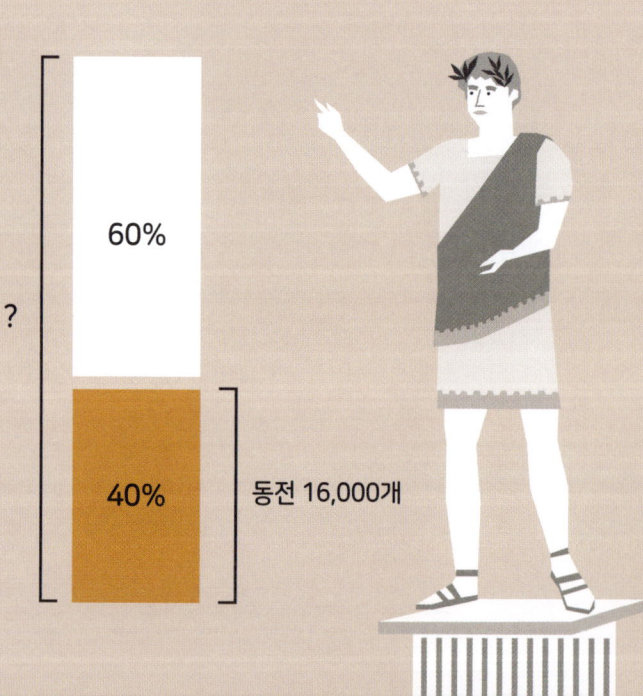

한번 해 볼까요?
싸게 사는 법

슈퍼마켓에서 값을 비교하는 가장 좋은 방법은 1그램(g)당 얼마인지 각 물건의 단위 값을 계산하는 것이에요. 예를 들어, 아이스크림 500그램의 값이 원래 3,900원인데 슈퍼마켓에서 다음과 같이 두 가지 할인 행사를 한다고 가정해 봐요. 행사 A와 행사 B 중에 어느 쪽을 선택하면 더 싸게 구입할 수 있을까요?

행사 A — 아이스크림을 500그램 사면 50%를 더 줘요. 즉, 아이스크림 750그램을 3,900원에 사요. (50% 공짜)

행사 B — 아이스크림 500그램의 값 3,900원에서 40%만큼 할인해 줘요. (40% 할인)

두 가지 행사를 비교하려면 아이스크림의 단위 값을 계산해야 해요. 가장 쉽게 할 수 있는 방법은 1그램당 가격을 구해서 비교하는 것이에요.

행사 A
전체 아이스크림의 양 = 500그램 + 50% 추가 (250그램)
= 750그램
단위 값 = 전체 값 ÷ 총 그램 수 = 3900원 ÷ 750그램
= **그램당 5.2원**

행사 B
500 그램의 아이스크림이 40%만큼 할인을 받으면 얼마인지를 먼저 구해요.
40%만큼 할인되어 내는 최종 금액 = 원래 금액의 60%
= 0.6 × 3900원 = 2340원

이제 이 금액에서 단위 값을 구하면,
단위 값 = 최종 금액 ÷ 총 그램 수 = 2340원 ÷ 500그램
= **그램당 4.7원**

따라서 원래 값 3900원에서 40% 할인받는 행사 B가 50%의 아이스크림을 더 주는 행사 A보다 더 싸게 사는 것이에요.

다음에 마트에 가면 실제로 할인되는 값보다 더 싸게 파는 것처럼 보이는 할인 행사가 있는지 찾아보세요.

현실 속 수학
스포츠 성취도
스포츠 해설자들은 선수들의 기량을 말할 때 종종 백분율을 사용해요. 예를 들어, 테니스에서는 첫 번째 서브의 성공률이 얼마인지를 백분율로 말하지요. 서브의 성공률이 높은 선수는 기량이 좋은 선수예요.

비율을 사용하는 법

분수와 소수는 정수가 아닌 수들을 간단하게 표현해 주어요. 분수와 소수는 나타내는 방법이 다를 뿐, 같은 수를 나타내지요. 상황에 따라 둘 중에서 편리한 것을 사용하면 돼요.

분수

분수는 전체 수량 중 일부에 대해 말하고자 할 때 쓰여요. 분수는 분모(정수를 나눈 부분들의 총 개수)와 분자(말하고자 하는 부분의 개수)로 이루어져요. 예를 들어 피자를 똑같이 반으로 나누면 한 조각은 ½이 돼요. 피자를 똑같이 3등분하면 한 조각은 ⅓이 되고, 4등분하면 한 조각은 ¼이 되지요.

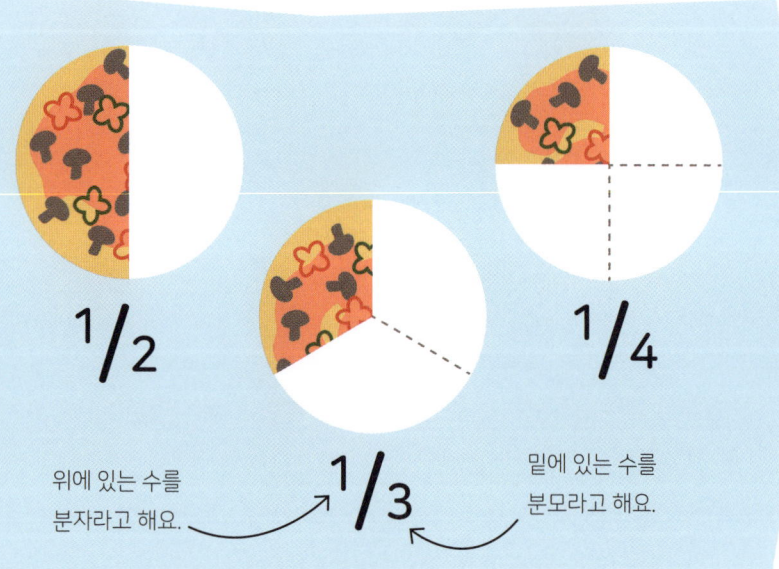

위에 있는 수를 분자라고 해요.

밑에 있는 수를 분모라고 해요.

소수(小數)

100미터 달리기 경주에서 선수 4명이 모두 10초대에 결승선으로 들어왔다고 해 봐요. 누가 이겼는지 판가름하기가 매우 어렵겠죠! 이럴 때 소수는 시간을 훨씬 더 정교하게 잴 수 있게 해 줘요. 만약 선수들이 결승선을 통과했을 때의 시간이 각각 10.2초, 10.4초, 10.1초, 그리고 10.3초였다면 누가 1등이고, 2등, 3등, 4등인지를 정확하게 판정할 수 있으니까요.

소수는 소수점을 사용하여 나타내요.

십의 자리	일의 자리	소수점	십분의 일의 자리	백분의 일의 자리	천분의 일의 자리	만분의 일의 자리
1	0	.	7	8	4	9

소수점보다 왼쪽에 있는 수들은 정수예요.

소수점보다 오른쪽에 있는 수들은 정수의 일부분을 나타내지요.

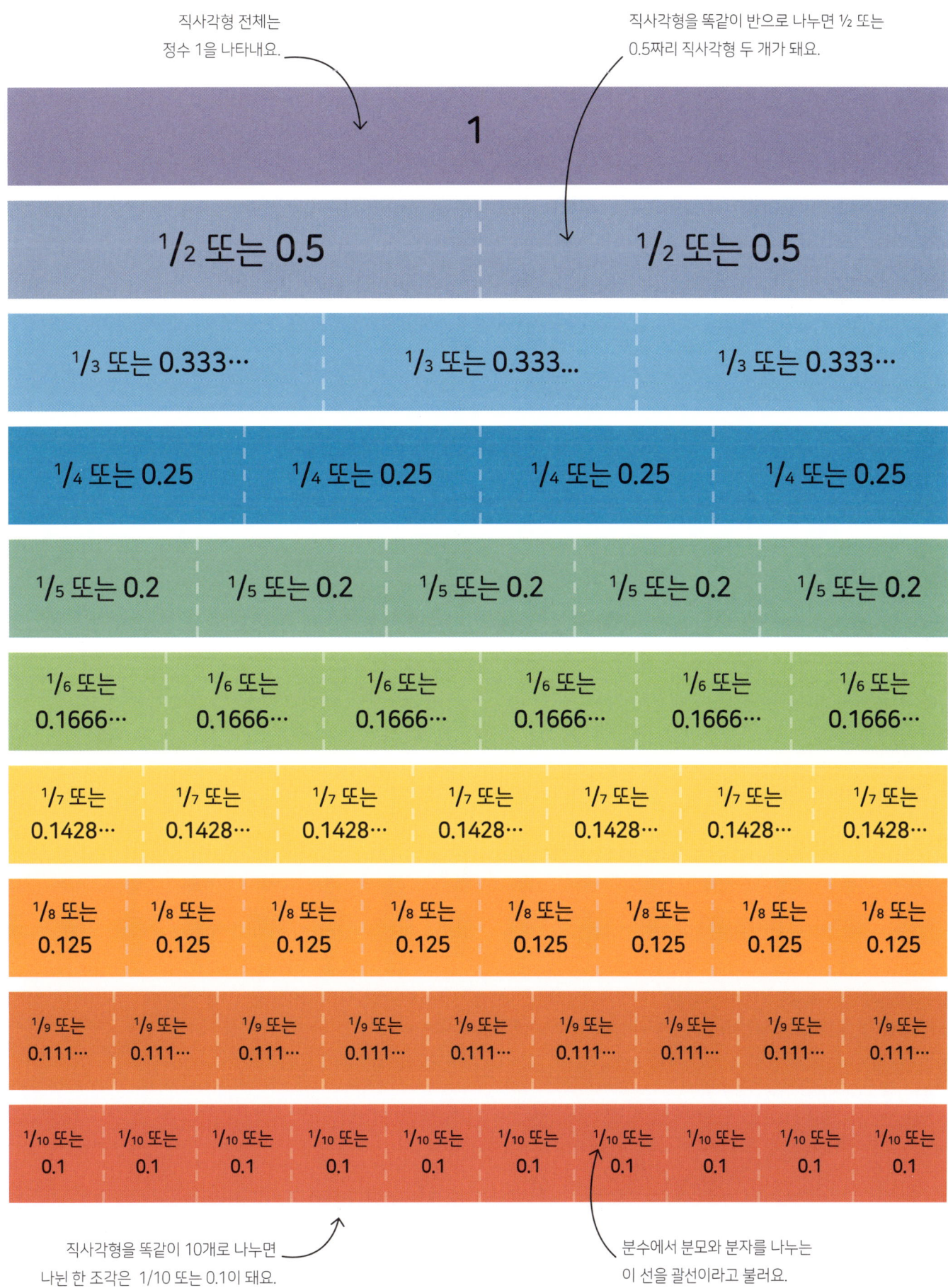

알지 못하는 값을 구하는 법

수학에서 모르는 값을 구하고자 할 때에는 대수학을 이용해요. 대수학은 수학의 한 분야로, 모르는 값을 글자나 기호로 나타내요. 대수학의 법칙과 알고 있는 값들을 사용하여 모르는 값을 구하지요. 대수학적으로 생각할 수 있는 능력은 공학, 물리학, 컴퓨터 과학과 같은 많은 과목에서 꼭 필요해요.

알자브르

대수학은 영어로 알지브라(Algebra)라고 하는데, 이 이름은 '깨진 조각들의 복원'을 뜻하는 아랍어 '알자브르'에서 유래됐어요. 이 단어는 바그다드(이라크의 도시)에서 살았던 수학자 무함마드 이븐 무사 알콰리즈미가 서기 820년에 쓴 책 제목에서 왔지요. 알콰리즈미의 연구는 오늘날 우리가 대수학이라 부르는 수학의 새로운 분야를 이끌었어요.

저울의 왼편에 다이아몬드와 추 두 개가 있어요.

저울 양쪽에 있는 추들은 각각의 무게가 모두 같아요.

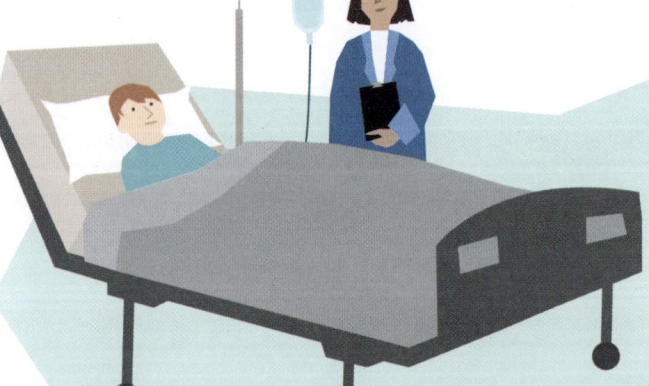

약의 용량 재기

환자를 치료하기 위해서는 약의 정확한 용량을 아는 것이 매우 중요해요. 의사는 환자의 병과 건강 상태를 진단하고, 다른 종류의 약의 효과를 평가하고, 환자가 회복하는 데 영향을 줄 수 있는 다른 요인들을 파악하여 정확히 필요한 용량이 얼마인지를 알아내도록 하는 데 대수학을 이용하지요.

퍼즐

만약에 여러분한테 사탕 봉지가 하나 있어요. 사탕 봉지에서 사탕 여섯 개를 꺼내 친구에게 주었더니, 이제 사탕은 원래 수량의 3분의 1만 남았어요. 처음에 봉지에 있던 사탕은 모두 몇 개였을까요?

도로에서의 대수학

컴퓨터와 인공 지능(AI)이 운전자 없이도 차량을 운전할 수 있는 것은 대수학 때문이에요. 무인 자동차는 대수학을 사용하여 언제 방향을 바꾸고, 속도를 줄이고, 멈추고, 가속해야 안전한지를 계산해서 알아내요. 차의 속도, 방향, 주변 환경에 대한 컴퓨터 기록을 토대로 정확하게 계산해 내지요.

대수 방정식에서 양쪽은 서로 균형을 이루어요.

저울의 오른편에 추 여섯 개가 있어요.

균형 맞추기

대수 방정식은 저울과 같은 형태로 생각할 수 있어요. 한쪽에 무엇을 하면, 다른 쪽도 똑같이 해서 균형을 맞추어야 해요. 예를 들어, 이 문제에서는 다이아몬드의 무게를 재려고 하지요. 그림에서 보듯이 다이아몬드와 추 두 개를 합한 무게가 추 여섯 개의 무게와 같아요. 대수학을 통해서 다이아몬드의 무게가 추 네 개의 무게와 같다는 것을 확인할 수 있어요.

다이아몬드의 무게를 글자 x로 나타내요.

저울의 양쪽에서 추를 두 개씩 빼도 저울은 여전히 균형을 이루어요. 즉, 다이아몬드 무게가 추 4개의 무게와 같다는 뜻이에요.

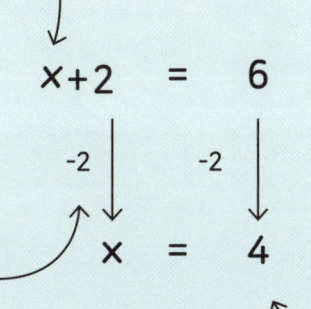

$$x + 2 = 6$$
$$\underset{-2}{\downarrow} \quad \underset{-2}{\downarrow}$$
$$x = 4$$

다이아몬드의 무게 x를 구하기 위해서 양쪽에서 추 두 개를 빼요.

결국, 대수학을 이용하여 x = 4 라는 값을 구했어요.

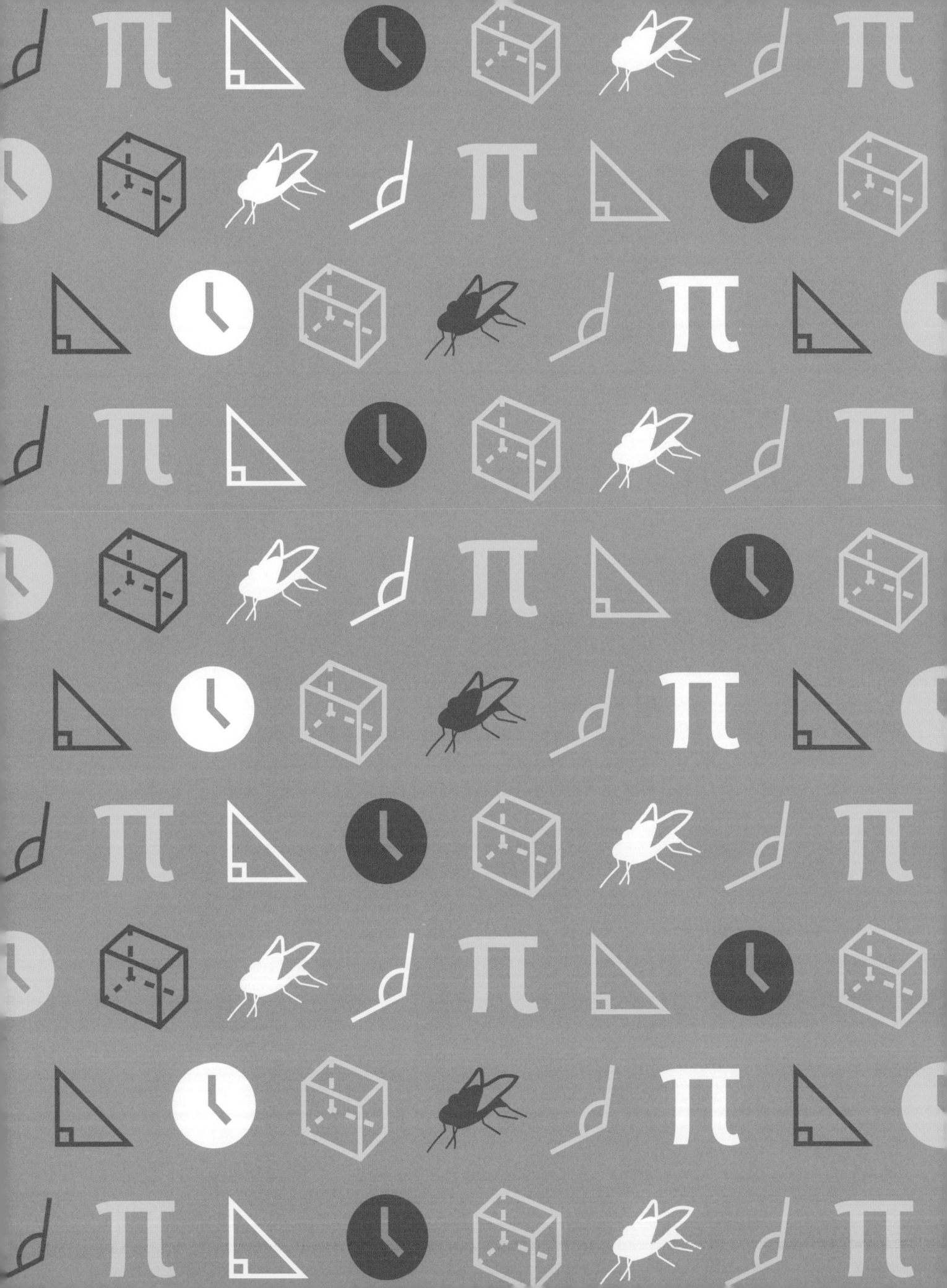

도대체 도형과 측정이 뭔데?

도형과 크기, 공간을 연구하는 기하학이 없었다면 우리 주변의 세상을 이해할 수 없었을 거예요. 역사를 거쳐 오는 동안 길이, 넓이, 부피, 시간을 측정하는 방법들이 발전하여 훨씬 더 정교해졌어요. 하지만 고대에 처음으로 쓰였던 기하학적 사고나 이론들은 오늘날에도 여전히 많은 곳에서 사용되고 있어요. 예를 들면 위성 항법 장치로 장소를 찾는다거나 아름다운 건축물을 짓는 것과 같은 일에 꼭 필요하거든요.

도형을 만드는 법

기하학은 도형, 크기, 공간에 대한 학문으로 수학에서 가장 오래된 주제 중 하나예요. 적어도 4,000년 전부터 고대 바빌로니아 사람들과 이집트 사람들이 기하학에 관한 연구를 했고, 그리스의 수학자 유클리드는 기원전 300년경에 기하학의 핵심이 되는 원리를 정립했어요. 기하학은 항법이나 건축, 천문학 등 다양한 분야에서 매우 중요하게 쓰여요.

건축가 벌

벌은 유충을 보호하고 꿀과 꽃가루를 저장하기 위해 밀랍으로 육각형의 벌집을 만들어요. 육각형은 가장 이상적인 모양이에요. 그 이유는 육각형끼리는 빈틈이 없이 완벽하게 잘 맞고 밀랍을 가장 적게 쓰면서도 방을 최대한 넓게 만들 수 있기 때문이에요. 벌집 전체 모양도 놀라울 정도로 튼튼해요. 벌집 안팎에서 생기는 충격이 고르게 분산되기 때문이에요. 벌집 안에서 벌들이 움직여서 진동이 생기거나, 바람이 불어 벌집이 통째로 흔들리는 경우에도 무너지지 않아요.

벌은 원통형 방을 만드는데, 벌들의 체온으로 밀랍이 녹아서 육각형 모양이 되는 거예요.

원

중심에서 원주까지의 길이, 즉 '반지름'이 모두 같은 평면 도형.

삼각형

세 변을 이루는 평면 도형. 변의 길이에 상관없이 삼각형의 내각의 합은 항상 180도예요.

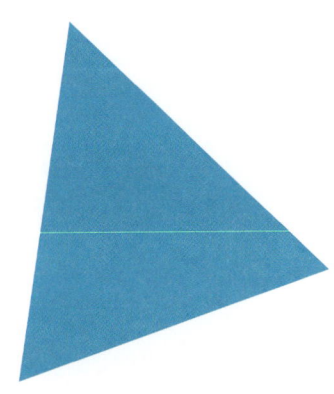

정사각형

네 변의 길이가 모두 같고 각 내각의 값이 90도(직각)인 평면 도형.

오각형

변이 다섯 개인 평면 도형. 변의 길이가 모두 같은 정오각형의 한 내각의 값은 108도예요.

구
중심에서부터 표면까지의 길이가 항상 같은 삼차원의 둥근 입체 도형.

피라미드
옆면은 모두 삼각형이고, 밑면은 삼각형이나 사각형, 또는 다각형인 삼차원의 입체 도형.

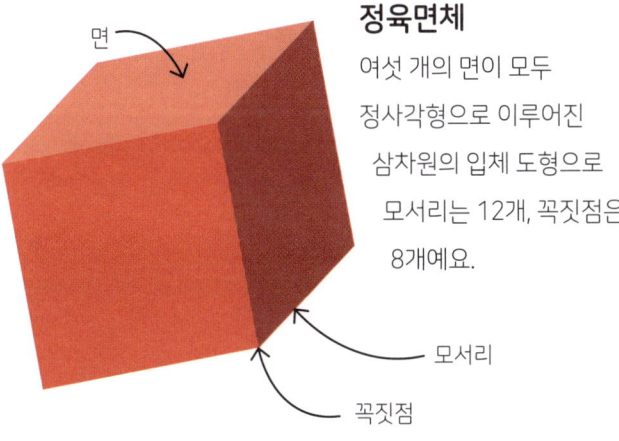

정육면체
여섯 개의 면이 모두 정사각형으로 이루어진 삼차원의 입체 도형으로 모서리는 12개, 꼭짓점은 8개예요.

면 / 모서리 / 꼭짓점

십이면체
열두 개의 면이 모두 정오각형으로 이루어진 삼차원의 입체 도형으로 모서리는 30개, 꼭짓점은 20개예요.

올바른 모양
기하학을 알면 어느 모양이 어떤 경우에 가장 적합한지를 이해하는 데 도움이 돼요. 예를 들어 정육면체 모양의 공으로 축구를 한다고 생각해 봐요. 공을 차고 패스하기가 정말 힘들 거예요! 인간이 만든 것이든 자연적으로 생겨난 것이든 우리 주변에 있는 것들의 모양은 이미 그 상태로 좋거나 계속 더 좋아지고 있어요.

예쁜 패턴
여러 도형을 포개지거나 틈이 생기지 않게 반복하여 배치하는 것을 테셀레이션*이라고 해요. 테셀레이션은 모자이크처럼 장식하는 데 쓰거나 벽의 안정성을 높이기 위해 벽돌을 쌓는 일처럼 실용적으로 사용하기도 해요.

* 우리말로 쪽매 맞춤이라고도 해요. 모자이크의 기법이에요.

반사 대칭

도형을 직선으로 나눴을 때 정확하게 절반씩 둘로 똑같이 나누어지면 반사 대칭이라고 해요. 그리고 그렇게 똑같이 나누는 선을 대칭선이라고 불러요. 삼차원 도형에서는 면이 도형을 반으로 똑같이 나누어요. 대칭이 되는 도형에서 대칭선이나 대칭면은 하나 또는 여러 개가 있을 수 있어요.

이 면은 피라미드를 대칭으로 나누는 대칭면을 나타내요.

각각의 점선들은 삼각형의 대칭선을 나타내요.

대칭을 이용하는 법

이차원 도형이나 삼차원 물체가 두 개 이상의 똑같은 모양의 조각으로 나누어질 수 있으면 대칭을 이룬다고 말해요. 대칭은 꽃잎이나 눈송이의 얼음 결정을 비롯한 자연에서 흔히 볼 수 있어요. 대칭의 단순함과 정돈감이 주는 시각적인 매력에서 많은 예술가들, 디자이너들, 건축가들이 영감을 얻어 작품을 만들 때 이용하곤 해요.

건축물의 대칭

건축가들은 종종 건물을 최대한 대칭이 되게 만들고 싶어 해요. 인도에 있는 타지마할은 정면에서 보거나 위에서 보면 완벽한 대칭을 이루어요. 타지마할을 둘러싸고 있는 커다란 뾰족탑 네 개는 건물의 대칭성을 더욱 도드라져 보이게 해요.

회전 대칭

회전 대칭이란 어떤 도형을 고정된 점이나 축을 중심으로 일정 각도씩 돌려도 계속 같은 모양인 상태를 말해요. 이차원 도형은 가운데를 중심으로 회전하고, 삼차원 모형은 축을 중심으로 회전해요. 360도를 돌아 다시 원래의 모양으로 돌아올 수 있는 회전수를 '차수'라고 불러요.

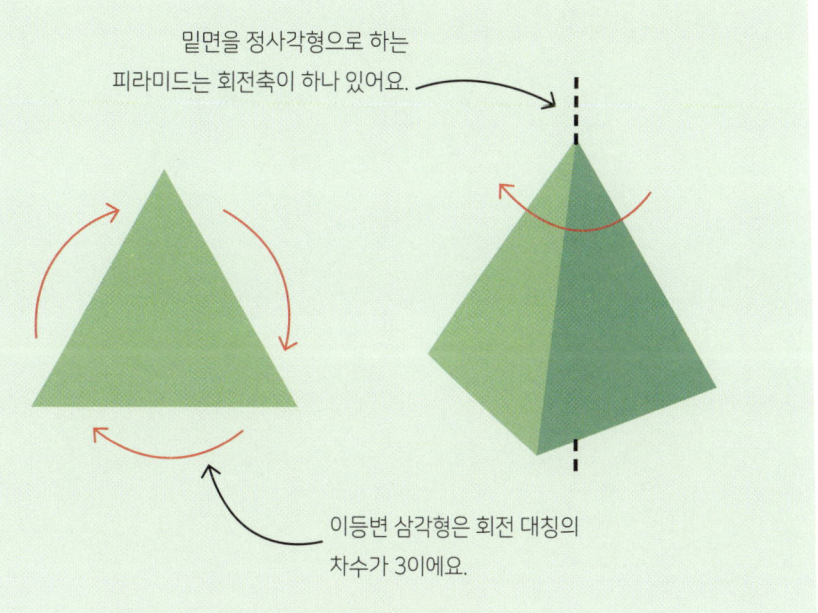

밑면을 정사각형으로 하는 피라미드는 회전축이 하나 있어요.

이등변 삼각형은 회전 대칭의 차수가 3이에요.

자연에서의 대칭

자연은 대칭으로 가득 차 있어요. 심지어 인간의 몸도 거의 대칭을 이루잖아요. 물 분자가 눈송이로 얼 때 육각형의 대칭 모양인 얼음 결정을 만들어요. 불가사리는 차수가 5인 대칭 모양으로 여러 방향으로 움직이거나 쉽게 음식을 찾을 수 있고 위협을 느끼면 재빨리 도망칠 수 있어요. 농게는 형태가 비대칭이에요. 대칭을 이루는 면을 전혀 찾을 수가 없어요.

이거 알아요?

무한의 대칭

원과 구는 반사 대칭과 회전 대칭을 무한하게 이루어요. 어디에서 보든 완벽한 대칭 모양이에요.

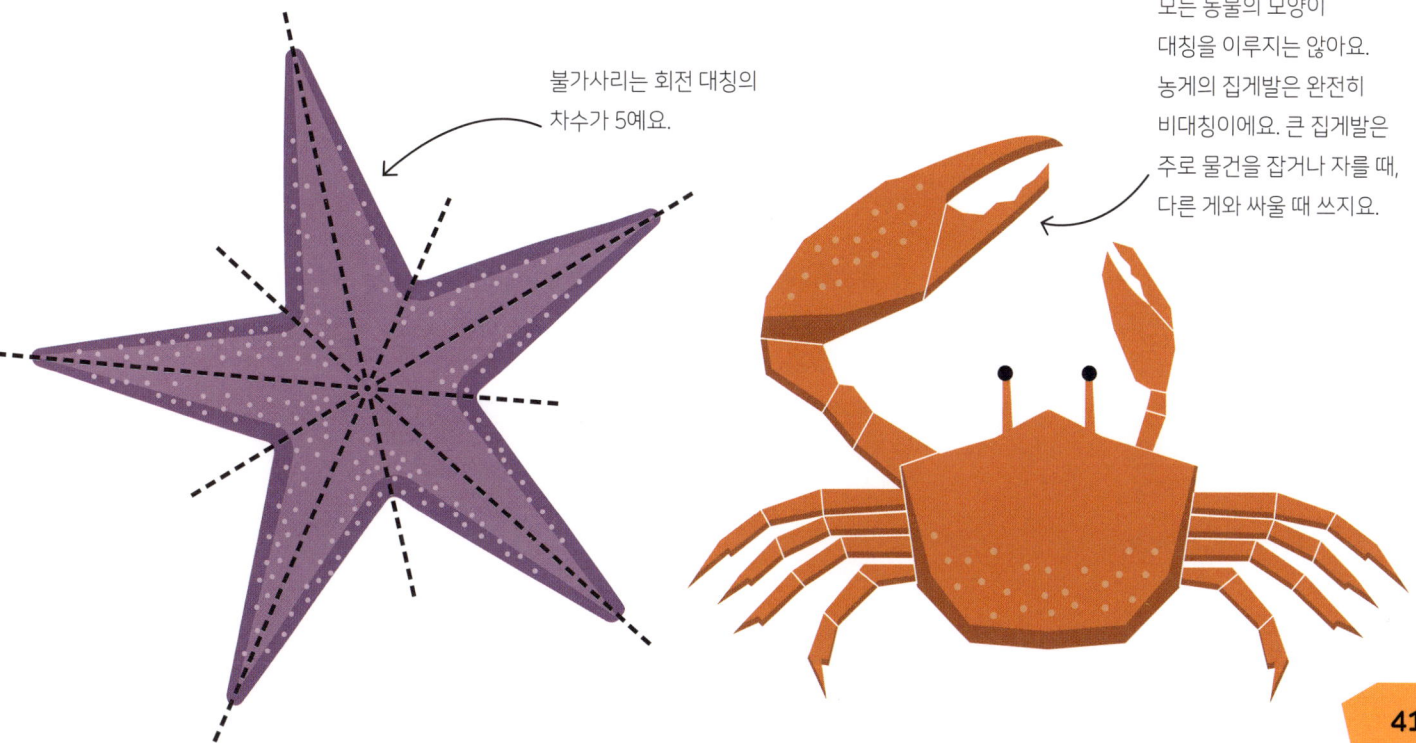

불가사리는 회전 대칭의 차수가 5예요.

모든 동물의 모양이 대칭을 이루지는 않아요. 농게의 집게발은 완전히 비대칭이에요. 큰 집게발은 주로 물건을 잡거나 자를 때, 다른 게와 싸울 때 쓰지요.

피라미드의 높이를 재는 법

어떤 곳의 꼭대기까지 닿을 만한 줄자가 없다면 그 높이를 어떻게 잴 수 있을까요? 답은 바로 직각 삼각형을 사용하는 거예요. 이 방법은 이미 수천 년 전부터 사용되었어요. 이집트의 대 피라미드는 무려 230만 개의 돌로 지어진 거대한 건축물이에요. 기원전 600년경, 고대 그리스의 수학자 탈레스가 이집트의 성직자들에게 피라미드의 높이가 정확히 얼마나 되는지를 물었어요. 하지만 아무도 답을 하지 못했지요. 탈레스는 직접 알아내기로 결심했어요.

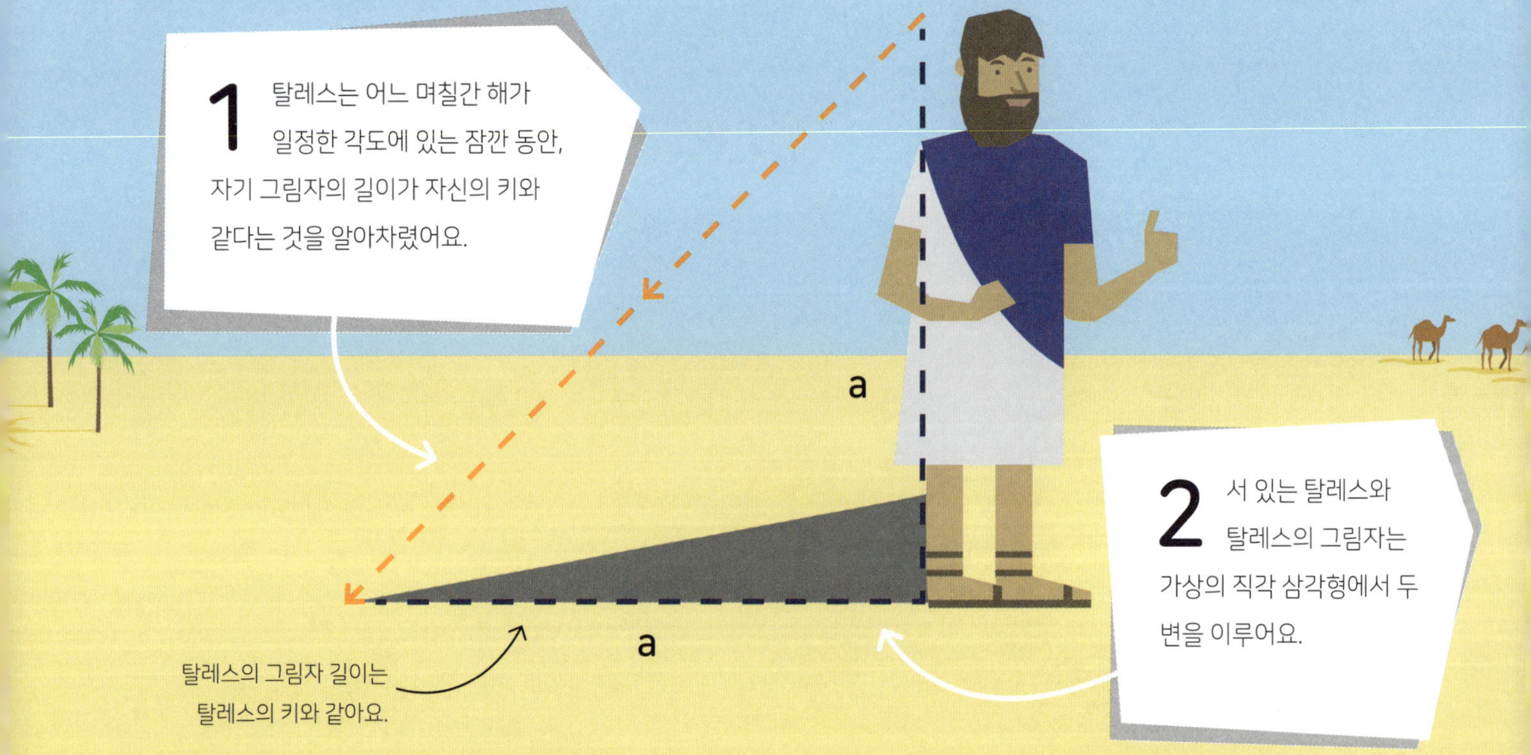

1 탈레스는 어느 며칠간 해가 일정한 각도에 있는 잠깐 동안, 자기 그림자의 길이가 자신의 키와 같다는 것을 알아차렸어요.

2 서 있는 탈레스와 탈레스의 그림자는 가상의 직각 삼각형에서 두 변을 이루어요.

탈레스의 그림자 길이는 탈레스의 키와 같아요.

계산해 보세요!
직각 삼각형

탈레스의 계산법은 태양이 비추는 각도와 탈레스의 몸, 탈레스의 그림자가 가상의 직각 삼각형을 이루었기 때문에 가능했어요. 직각 삼각형은 한 내각의 크기가 90도(°)로 직각이고, 다른 두 각의 합이 90도를 이루어요. 만약 삼각형의 두 각의 값이 같으면 빗변에 마주한 두 변의 길이도 같아요.

만약 이 각이 45도이면 직각이 아닌 다른 각도 45도예요.

만약 두 각이 모두 45도이면, 두 변의 길이도 똑같아요.

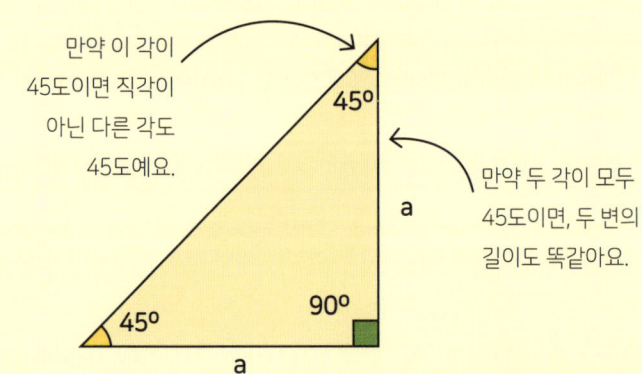

42

3 바로 그 순간 탈레스는 대 피라미드를 포함한 모든 것들의 그림자가 가상의 직각 삼각형을 이룬다는 것을 깨달았어요. 즉, 피라미드의 높이는 그 가상의 직각 삼각형의 한 변이 되고, 다른 한 변은 피라미드의 밑변 길이의 반과 그림자를 합한 값이 되는 것이에요.

이때 태양 광선은 거의 평행하게 비추어요. 즉, 태양 광선이 탈레스와 피라미드를 비추는 각도가 서로 같아요.

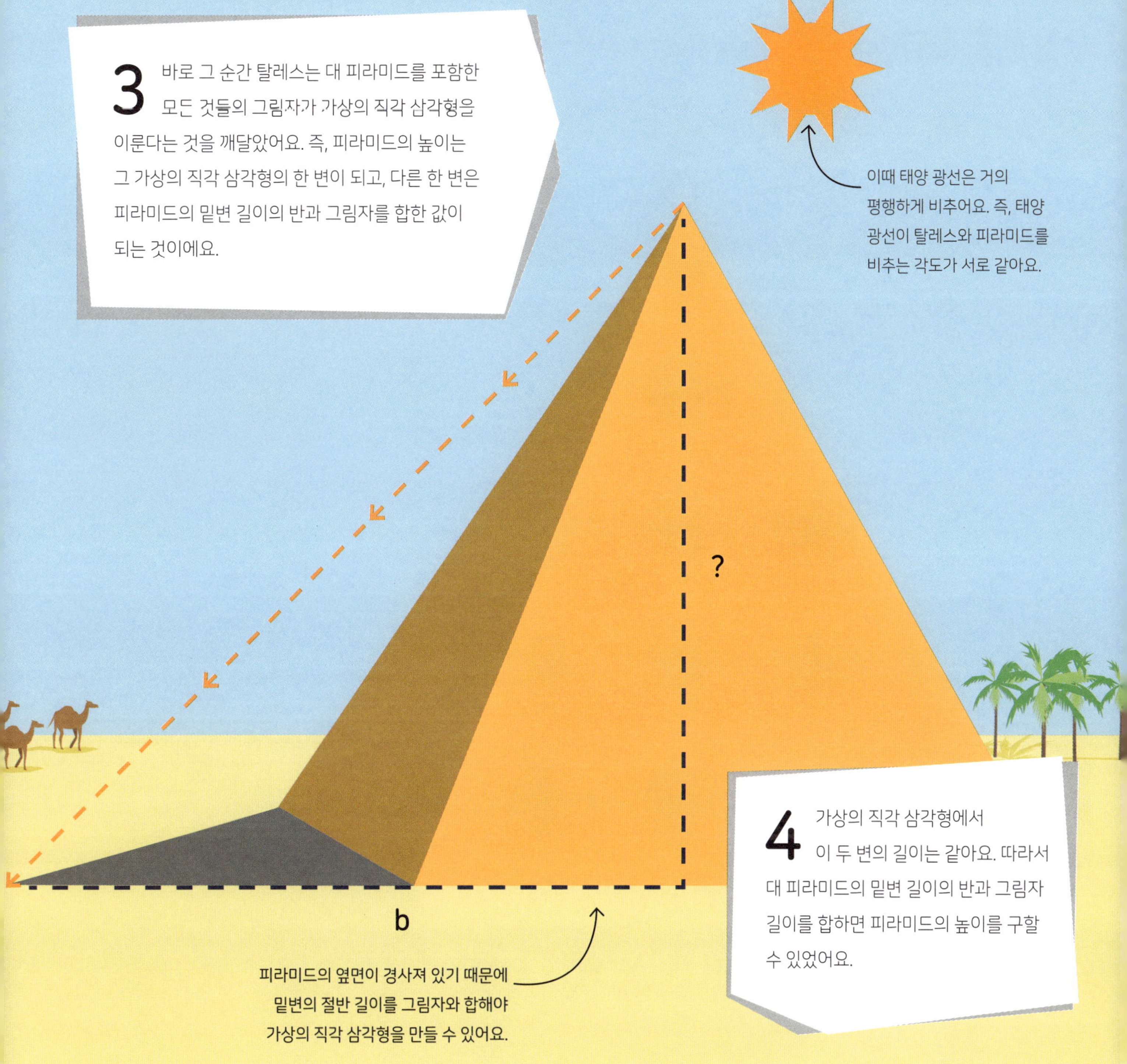

b

피라미드의 옆면이 경사져 있기 때문에 밑변의 절반 길이를 그림자와 합해야 가상의 직각 삼각형을 만들 수 있어요.

4 가상의 직각 삼각형에서 이 두 변의 길이는 같아요. 따라서 대 피라미드의 밑변 길이의 반과 그림자 길이를 합하면 피라미드의 높이를 구할 수 있었어요.

탈레스는 태양이 45도 각도로 비추어서 삼각형의 세 번째 변을 이루게 되면 다른 두 변의 길이(a)가 서로 같다는 것을 알았어요. 탈레스의 그림자 길이가 실제 키와 같은 거예요. 탈레스는 피라미드의 높이도 같은 방법으로 구할 수 있다고 생각했어요. 그래서 피라미드의 그림자의 길이를 재고, 밑면 길이의 반을 더했어요. 그랬더니 146.5미터가 나왔고, 피라미드의 높이가 146.5미터인 것을 알아냈어요.

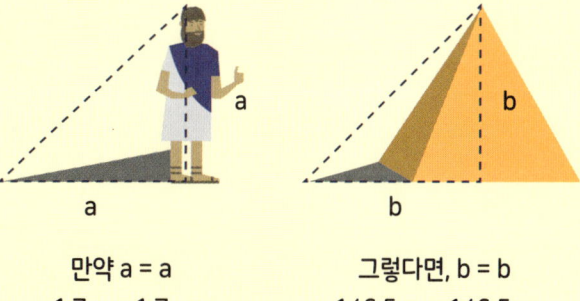

만약 a = a
1.7m = 1.7m

그렇다면, b = b
146.5m = 146.5m

닮은꼴 삼각형

훗날 그리스의 또 다른 수학자 히파르코스는 탈레스의 방법을 좀 더 발전시켰어요. 히파르코스는 피라미드의 높이를 태양이 뜬 각도가 45도일 때뿐 아니라 하루 중 언제든지 잴 수 있다는 것을 깨달았어요. 만약 히파르코스가 대 피라미드를 방문했다면 피라미드의 그림자와 자신의 그림자를 비교하여 하루 중 언제라도 대 피라미드의 높이를 잴 수 있었을 거예요. 두 그림자가 '닮은꼴 삼각형'을 이루기 때문이지요. 닮은꼴 삼각형이란 크기는 다르지만 각과 비율이 같은 동일한 삼각형을 말해요.

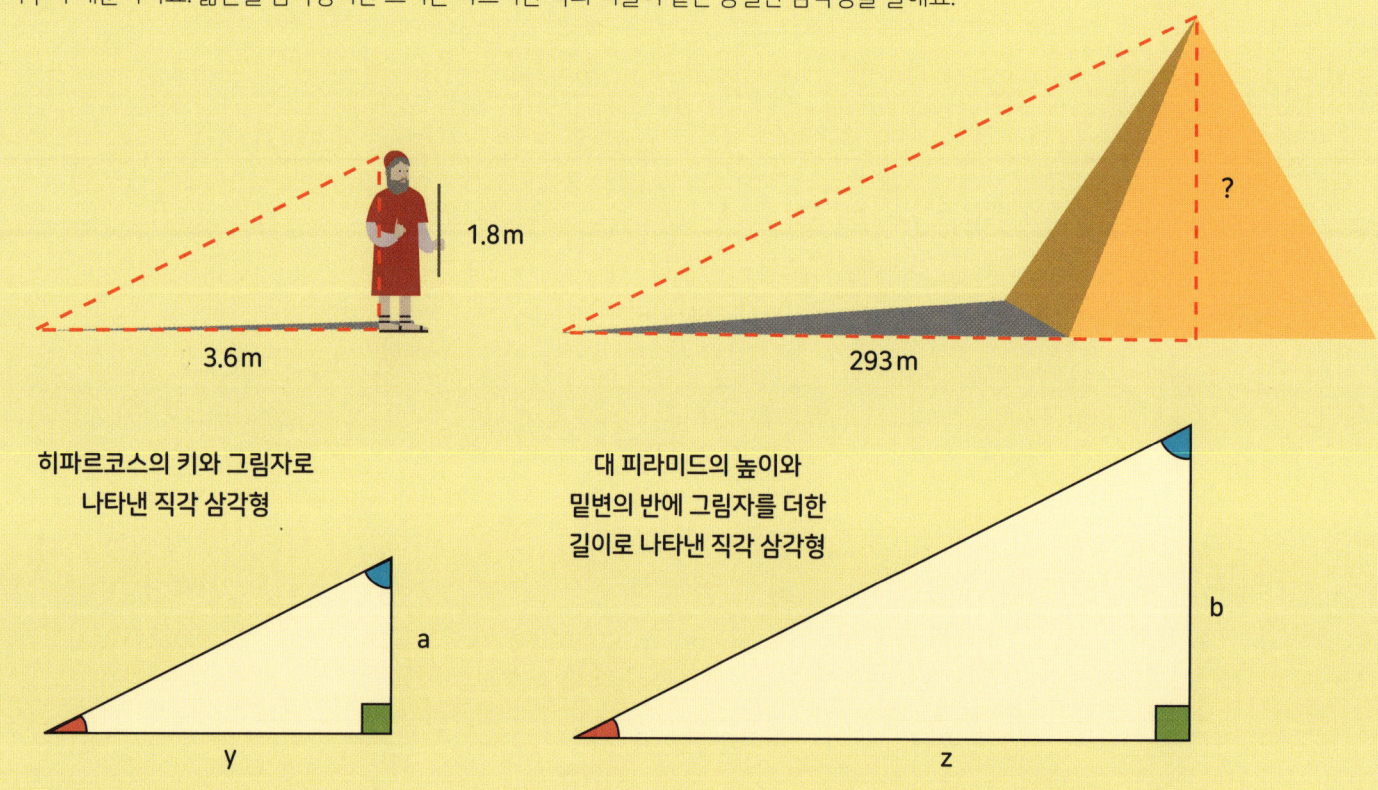

히파르코스와 피라미드에 의해 만들어진 가상의 직각 삼각형 두 개는 닮은꼴이기 때문에 한쪽의 높이를 알면 다른 쪽의 높이를 구할 수 있어요.

식을 사용해서 피라미드의 높이를 구해 봐요. 히파르코스의 키(a)를 그의 그림자 길이(y)로 나눈 값은 같은 날 같은 시각에 대 피라미드의 높이(b)를 밑변의 반과 그림자 길이를 합한 값(z)으로 나눈 값과 같아요.

이 식은 구하고자 하는 값 b(피라미드의 높이)에 대해 다음과 같이 정리할 수가 있어요. b의 값은 a(사람의 키)를 y(사람의 그림자 길이)로 나눈 후에 z(피라미드의 그림자와 밑변의 반을 합한 길이)로 곱하면 돼요.

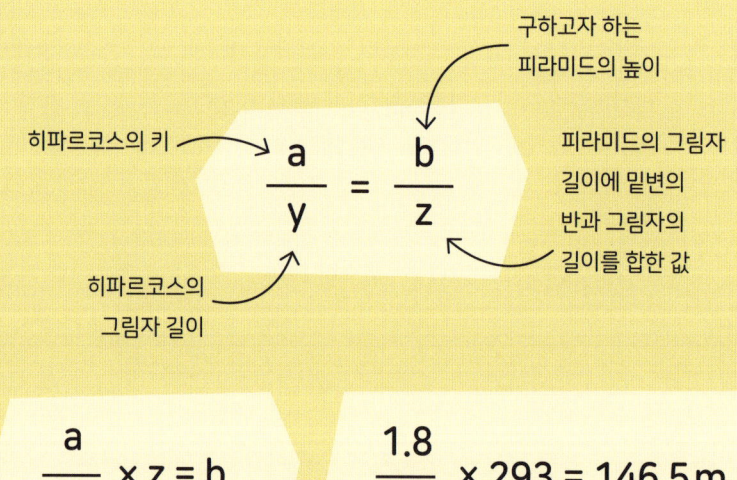

현실 속 수학

전화기의 삼각 측량

삼각형은 오늘날에도 거리를 측정하는 데 이용돼요. 우리가 사용하는 휴대폰의 위치는 삼각 측량법으로 정확히 알아낼 수 있지요. 기지국 한 곳에서는 휴대폰까지의 거리를 알 수 있지만 정확한 위치를 알 수는 없어요. 하지만 기지국 세 곳에서 휴대폰까지의 각각의 거리를 알 수 있으면, 그 거리를 반경으로 원을 그릴 수 있어요. 그렇게 그려진 세 개의 원이 만나는 곳이 바로 여러분이 있는 위치예요.

한번 해 볼까요?
학교 건물의 높이 재기

어느 날씨 좋은 날, 학교 건물의 그림자 길이가 4미터이고, 여러분의 그림자 길이는 0.5미터였어요. 만약 여러분의 키가 1.5미터라면 학교 건물의 높이는 얼마일까요?

다음의 식에 숫자들을 대입해 봐요.

$$b = \frac{a}{y} \times z = \frac{1.5}{0.5} \times 4 = 12\,m$$

그러면 건물의 높이는 12미터예요.

날씨가 맑은 날, 여러분 집의 높이를 재어 보는 건 어떨까요?

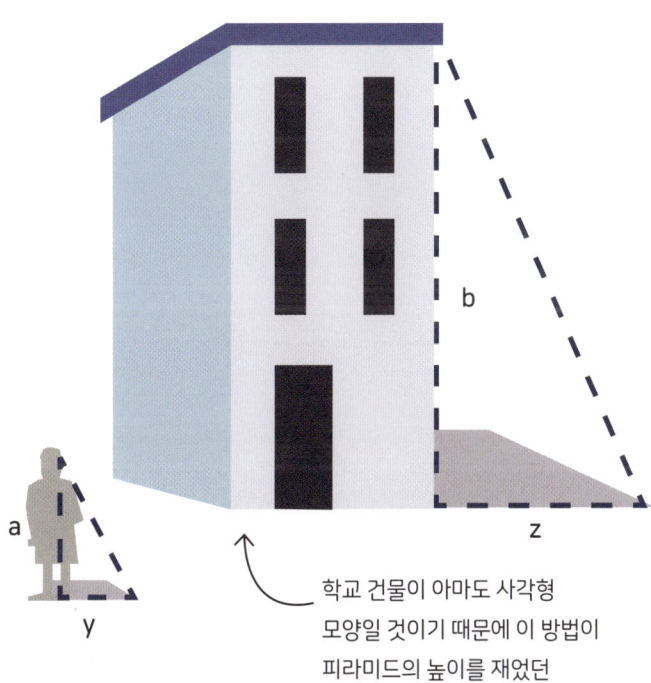

학교 건물이 아마도 사각형 모양일 것이기 때문에 이 방법이 피라미드의 높이를 재었던 방법보다 더 간단해요.

이거 알아요?

삼각형으로 재기

히파르코스는 뛰어난 지리학자이자 천문학자이며, 수학자였어요. 그는 '삼각법의 아버지'라고 불려요. 삼각법이란 삼각형을 사용하여 길이를 재는 수학의 한 연구 분야지요. 삼각법은 오늘날에도 건물을 짓는 것에서부터 우주 여행에 이르기까지 온갖 것에 쓰여요.

들판의 넓이를 재는 법

고대 이집트에서는 매년 나일강이 흘러넘치면 농부들이 농사 짓던 땅의 경계가 무너지곤 했어요. 범람이 끝난 뒤에 홍수가 나기 전에 농부가 가지고 있던 땅이 얼마나 되었는지 알 수 있는 방법을 찾아야 했지요. 어떻게 땅의 넓이를 잴 수 있었을까요?

1 나일강은 고대 이집트인들의 삶에 매우 중요했어요. 나일강이 범람할 때마다 미네랄이 풍부한 토사가 밀려와 토양이 비옥해졌어요. 하지만 누구의 땅이 원래 얼마만큼이었는지를 알 수 없게 했지요.

계산해 보세요!
넓이 구하기

고대 이집트인들은 밧줄을 쳐서 직각 삼각형 모양을 만들어 땅의 면적을 측정했어요. 이 방법 덕분에 측정이 더 정확해졌어요.

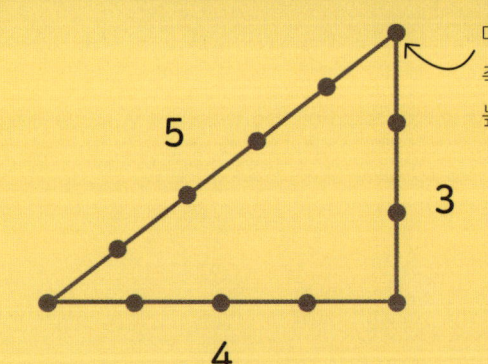

매듭 덕분에 측정의 정확도가 높아졌어요.

2 사람들은 밧줄로 각 농부의 땅의 면적을 알 수 있는 방법을 고안해 냈어요. 밧줄에 일정한 간격마다 매듭을 묶어 일종의 자처럼 사용했어요.

3 사람 세 명이 밧줄을 당겨 직각 삼각형 모양을 만들었어요. 그리고 삼각형이 각 농부의 땅에 몇 개 들어가는지를 세어 기록했어요. 홍수가 지나고 그 기록을 보면 되었지요.

이 삼각형은 한 변이 매듭 세 개, 다른 한 변은 매듭 네 개, 나머지 변은 매듭 다섯 개 길이인 직각 삼각형이에요.

고대 이집트인들은 삼각형의 면적을 구하려면 높이와 밑변의 길이를 곱한 후, 2로 나누면 된다는 것을 알았어요. 길이의 단위를 1유닛(unit)이라고 하면,

삼각형 면적 = $\dfrac{3 \times 4}{2}$ = 6제곱유닛이 되지요.

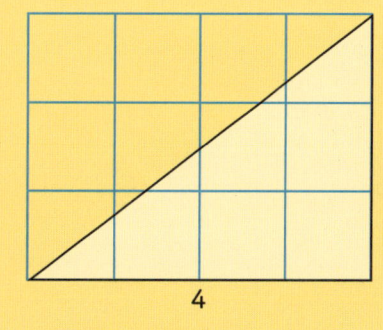

각각 6제곱유닛인 삼각형들을 서로 붙여서 홍수가 나기 전에 농부가 원래 소유했던 땅의 넓이를 알아낼 수 있었어요.

삼각형과 사각형

사각형의 넓이는 높이와 밑변의 길이를 곱해서 구할 수 있어요. 사각형과 높이와 밑변의 길이가 같은 삼각형의 넓이는 그 사각형 넓이의 반이에요.

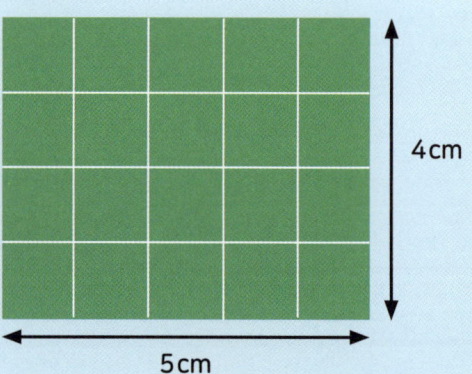

사각형의 넓이 = 높이 × 밑변

4×5 = 20 cm²

삼각형의 넓이 = $\dfrac{높이 \times 밑변}{2}$

$\dfrac{4 \times 5}{2}$ = 10 cm²

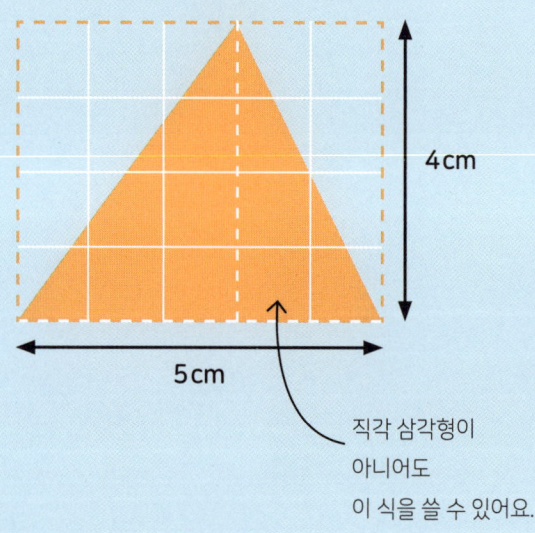

직각 삼각형이 아니어도 이 식을 쓸 수 있어요.

평행 사변형

평행 사변형은 서로 마주하는 두 쌍의 변이 각각 평행한 사각형을 말해요. 평행 사변형의 넓이는 사각형이나 정사각형처럼 높이에 밑변의 길이를 곱하면 돼요.

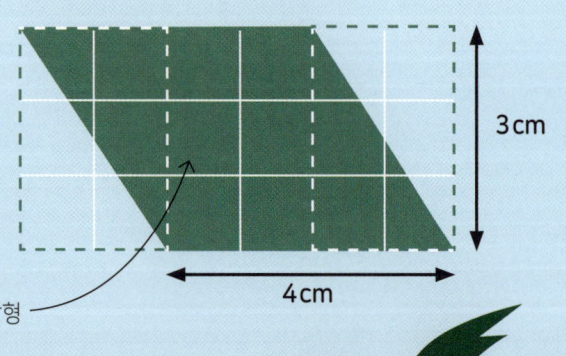

꽉 찬 정사각형

평행 사변형의 넓이 = 높이 × 밑변

3 × 4 = 12 cm²

모양이 불규칙한 도형의 넓이 재기

삼각형이나 사각형보다 더 복잡한 도형의 면적은 어떻게 구할 수 있을까요? 변이 직선이면 고대 이집트인들이 했던 것처럼 도형을 직각 삼각형으로 나눈 후에 각각의 면적을 구해서 더하면 돼요. 하지만 변이 구불구불하거나 불규칙하다면 크기가 대략 비슷한 도형을 그려서 넓이를 유추할 수 있어요.

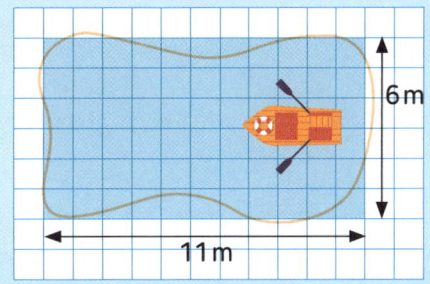

면적 = 6 × 11 = 66 m²

좀 더 정확히 계산하려면, 꽉 찬 정사각형의 개수에 부분적으로 채워진 정사각형 개수의 반을 더해 줘요.

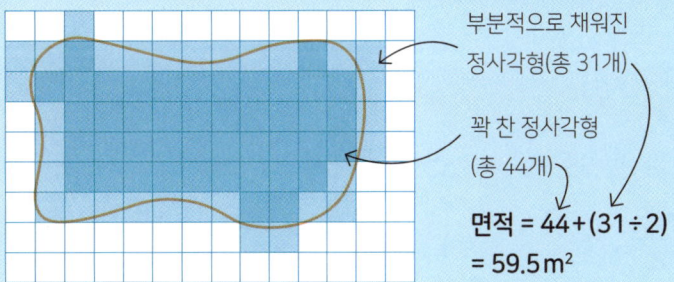

부분적으로 채워진 정사각형(총 31개)

꽉 찬 정사각형 (총 44개)

면적 = 44 + (31 ÷ 2) = 59.5 m²

한번 해 볼까요?
방 면적 재기

바닥 모양이 특이하고 넓은 방에 카펫을 깔려고 해요. 방의 크기와 모양은 오른쪽 그림과 같아요. 만약 1제곱미터(m²)당 2만 원의 비용이 들어간다면, 총 얼마만큼의 비용이 필요할지 맞혀 보세요.

우선 방의 평면을 간단한 모양의 도형 여러 개로 나눈 후, 각각의 면적을 구해요.

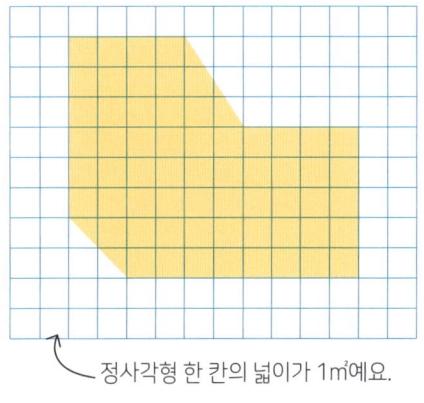

정사각형 한 칸의 넓이가 1 m²예요.

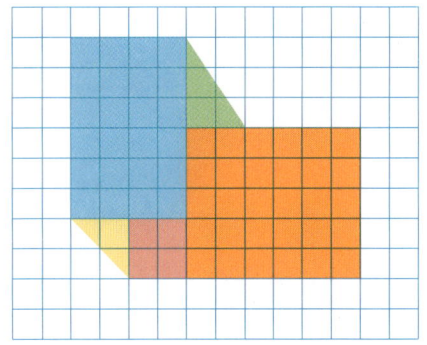

녹색 삼각형	= 3 × 2 × ½	= 3
노란색 삼각형	= 2 × 2 × ½	= 2
주황색 사각형	= 5 × 6	= 30
파란색 사각형	= 6 × 4	= 24
분홍색 정사각형	= 2 × 2	= 4
전체 면적		= 63 제곱미터(m²)
전체 비용	= 63 제곱미터(m²) × 2만 원	= 126만 원

자, 이제 여러분의 방의 넓이를 구해 볼까요? 여러분의 방에 카펫을 깔려면 비용이 얼마나 들지 계산해 보세요.

지구의 크기를 재는 법

기원전 240년경, 그리스의 에라토스테네스라는 학자는 우물 안 바닥의 물에 1년에 딱 한번 태양의 반사빛이 비춰진다는 이야기를 읽었어요. 에라토스테네스는 어떻게 태양 광선이 어떤 시각에 지구 상의 다른 곳을 다른 각도로 비추는지에 대해 생각하기 시작했어요. 그리고 중요한 정보 두 가지만 알면 지구 둘레 길이를 계산할 수 있다는 것을 깨달았어요. 놀랍게도 현대의 첨단 과학 기구들이 생겨나기 전인 약 2,000년 전에, 에라스토테네스는 이미 지구의 크기를 놀라울 정도로 정확하게 예측했어요.

1 뛰어난 수학자이자 학자였던 에라토스테네스는 이집트의 유명한 알렉산드리아 도서관의 관장이기도 했어요. 어느 날, 그는 왕국의 남쪽 지역에서 1년에 딱 한번 아주 잠깐 동안 일어난다는 이상한 일에 대해 읽게 되었어요.

2 낮이 가장 긴 날 정오에 시에네에 있는 깊은 우물을 태양이 수직으로 비추어 우물물에 빛이 반사된다는 이야기였어요. 그 순간 태양은 우물 바로 위에 있고요.

태양 광선이 물 위로 정확히 0도로 비추면 빛이 물 표면에 반짝이며 반사돼요.

3 에라토스테네스는 고민에 빠졌어요. 알렉산드리아에는 태양이 머리 위에 수직으로 뜬 적이 없었을까요? 낮이 가장 긴 날, 땅에 긴 막대기를 세우고 정오가 되기를 기다렸어요. 하지만 막대기 옆에 그림자가 생겼어요. 이는 햇빛이 땅에 수직으로 비추지 않는다는 뜻이었어요.

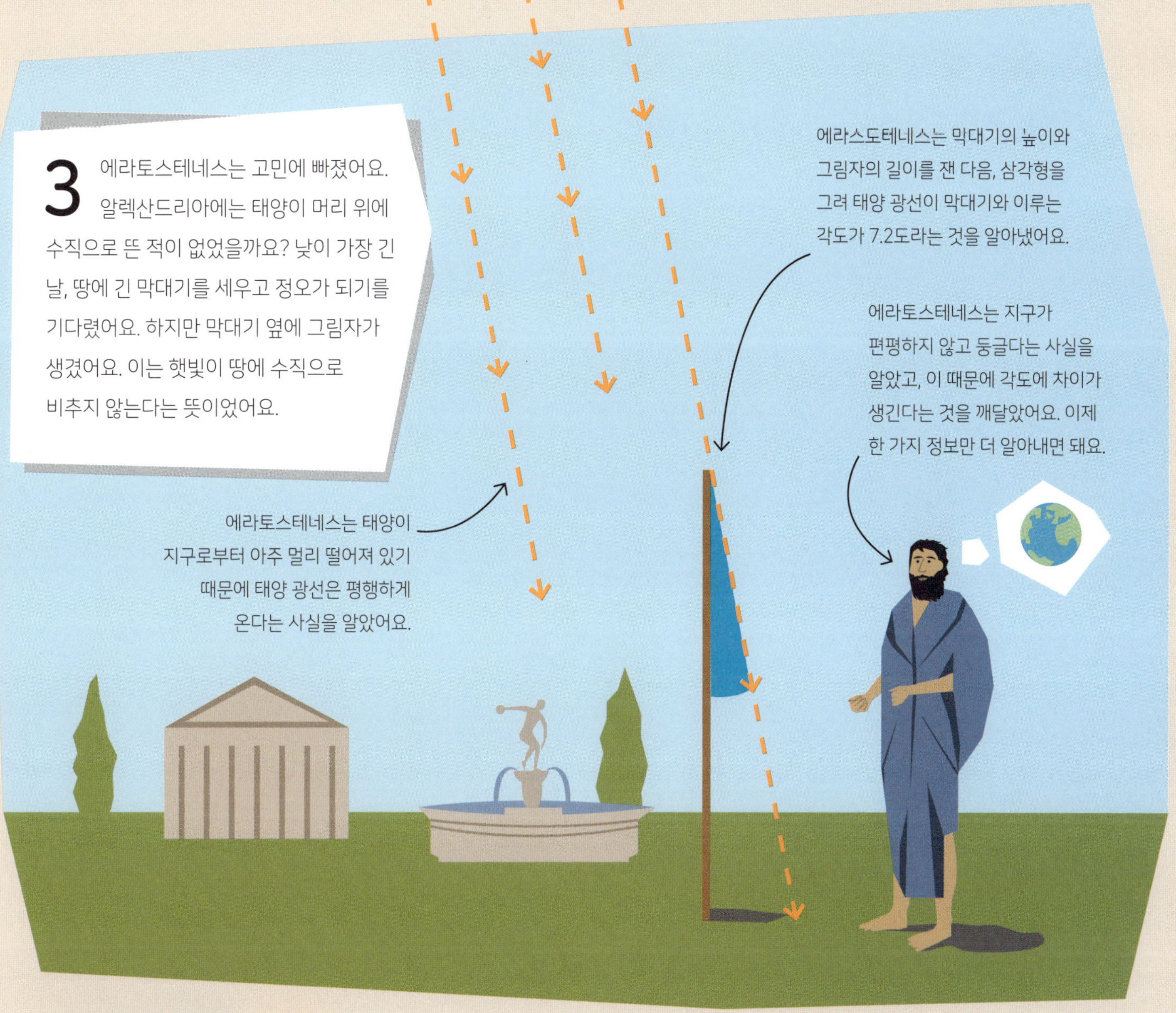

에라토스테네스는 태양이 지구로부터 아주 멀리 떨어져 있기 때문에 태양 광선은 평행하게 온다는 사실을 알았어요.

에라스도테네스는 막대기의 높이와 그림자의 길이를 잰 다음, 삼각형을 그려 태양 광선이 막대기와 이루는 각도가 7.2도라는 것을 알아냈어요.

에라토스테네스는 지구가 편평하지 않고 둥글다는 사실을 알았고, 이 때문에 각도에 차이가 생긴다는 것을 깨달았어요. 이제 한 가지 정보만 더 알아내면 돼요.

이집트 사람들은 걸음 수를 계산해서, 알렉산드리아에서 시에네까지의 거리가 현재의 단위로 약 800킬로미터라는 것을 알았어요.

4 고대 이집트에서는 장소 간의 거리를 걷기 전문가들이 걸어서 재었어요. 에라토스테네스는 시에네에서 알렉산드리아까지의 거리에 대한 정보를 구했고, 이제 지구의 둘레를 계산하는 데 필요한 모든 정보를 알아냈어요.

걷기 전문가들은 측정의 정확도를 위해 규칙적으로 걸었어요.

계산해 보세요!
각도와 부채꼴

에라토스테네스는 그렇게 측정된 값들에 각도와 부채꼴에 대한 지식을 이용하여 지구의 원주를 구할 수 있었어요. 거대한 지구 둘레의 길이를 계산으로 알아냈지요.

태양이 아주 멀리 떨어져 있기 때문에 태양 광선은 서로 평행하며 지구에 들어와요.

알렉산드리아에서 막대기의 그림자로 구한 태양 광선의 각이 7.2도예요.

태양 광선

800킬로미터

시에네에서 태양 광선은 머리 바로 위에서, 즉 정확히 0도로 비추어요.

각

어떤 선이 평행하는 한 쌍의 선들을 가로지를 때, 각 선과 이루는 각 중에서 같은 위치에 있는 각을 '동위각'이라고 불러요. 에라토스테네스는 평행한 두 선을 가로지르며 생기는 동위각이 서로 같음을 알았어요.

점선이 주황색 선과 만나면 두 쌍의 동일한 각이 생겨요.

점선이 두 번째 평행선을 만나서 생기는 각들은 첫 번째 평행선과 만나는 각도들과 같아요.

알렉산드리아의 막대기를 비춘 태양 광선의 각도가 7.2도였어요. 에라토스테네스는 지구 중심을 지나는 두 직선을 생각했는데, 하나는 알렉산드리아의 막대기를 지나는 직선, 다른 하나는 시에네에 있는 우물을 지나는 직선이었어요. 이 두 직선이 이루는 각은 태양 광선이 막대기를 지날 때 만든 각도와 같은 7.2도예요.

부채꼴

부채꼴은 두 개의 직선이 원의 중심에서부터 뻗어나가 원 둘레의 일부('호'라고 불러요)와 만나 생기는 원의 부분을 말해요. 피자 조각을 생각해 봐요! 부채꼴의 각도를 원(피자 전체)의 각도와 비교하면 부채꼴(피자 조각)의 크기를 알 수 있어요.

호(지표면에서 두 도시 사이의 거리)와 지구 중심을 지나는 두 선이 부채꼴을 이루어요.

계산하기

에라토스테네스는 지구가 구 모양이고, 따라서 지구의 둘레가 360도의 원을 이룬다는 것을 알았어요. 알렉산드리아와 시에네 사이의 거리만 알면 원에 대한 비율로 지구의 둘레를 구할 수 있어요. 그래서 360을 7.2로 나누었지요.

360 ÷ 7.2 = 50

즉, 이 식은 두 도시 사이의 거리는 지표면 전체 둘레의 1/50이라는 뜻이에요. 그래서 두 도시 사이의 거리가 800킬로미터라는 것을 알자, 그 수에 50을 곱했어요.

800킬로미터 × 50 = 40,000킬로미터

기술과 수학의 발전으로 오늘날 우리는 지구 둘레의 길이가 40,075킬로미터라는 것을 알아요. 에라토스테네스의 계산이 놀라울 정도로 거의 정확했던 거예요!

에라토스테네스는 지구 중심으로 오면서 서로 점점 가까워지는 두 직선을 생각했어요.

지구 중심에서 두 직선이 7.2도 각도로 만나요. 알렉산드리아에서 태양 빛이 막대기를 비추던 각도예요.

지구의 단면

파이를 구하는 법

동그란 원을 아무거나 꺼내 봐요. 단추만큼 작은 것이든 태양만큼 큰 것이든 크기는 상관없어요. 이제, 그 원의 둘레(원주)를 한쪽 끝에서 중심을 지나 다른 쪽까지의 거리(지름)로 나눠 보세요. 원주를 지름으로 나눈 값은 항상 3.14159…가 돼요. 이 수는 소수점 아래로 영원히 이어져요. 우리는 이 수를 '원주율'이라고 하는데, 기호로는 그리스어로 원주를 뜻하는 말(περίμετρος)의 첫 글자를 따서 'π'로 표시하고, '파이'라고 불러요. 원주율은 원과 곡선에서 매우 중요한 값이에요.

원주율은 무엇인가요?

원의 가장자리를 도는 둘레의 길이를 원주(c)라고 하고, 원의 중심을 지나는 거리를 지름(d)이라고 불러요. 원주율의 값은 어느 경우에든지 변하지 않는데, 이는 원주와 지름의 비가 항상 같기 때문이에요. 원주와 지름 중 한쪽이 증가하면, 다른 쪽도 그만큼 증가해요.

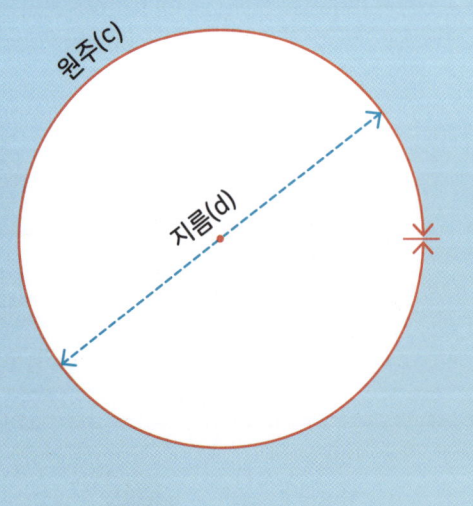

$$\frac{원주}{지름} = π = 3.14159...$$

이거 알아요?

우주 파이

원주율은 우주를 이해하는 데 매우 중요한 역할을 해요. 행성의 움직임부터 우주선의 궤도를 찾는 일까지, 심지어 우주의 크기를 계산하는 데에도 원주율이 중요하게 쓰여요.

자연 속의 파이

영국의 수학자 앨런 튜링은 1952년 자연의 규칙이 어떻게 만들어지는지에 관한 방정식을 만들었어요. 튜링은 표범 무늬나 식물에서 잎이 나는 위치, 얼룩말의 줄무늬와 같은 자연의 규칙에 파이의 원리가 숨어 있다고 밝혔어요.

무리수 파이

파이는 무리수, 즉 분수로 나타낼 수 없는 수예요. 파이는 소수점 아래 숫자가 반복하거나 일정한 규칙이 없이 영원히 계속되는 수이지요. 이러한 이유로 파이는 컴퓨터가 얼마나 빠르고 얼마만큼의 일을 처리할 수 있는지 컴퓨터의 처리 능력을 검사하는 데 종종 쓰여요.

현재는 파이 값을 소수점 아래 31,415,926,535,897자리까지 계산할 수 있어요.

3.14159265358979323846264338327950288419716939937510582097494459230781640628620899862803482534211706798214808651328230664709384460955082231725359408128481117450284102701938521105559644622948954930381964428810975665933446128475648233786783165271201909145648566923460348610454326648213393607260249141273724587006606315588174881520920962829254091715364367892590360011330530548820466521384146951941511609433057270365759591953092186117381932611793105118548074462379962749567351885752724891227938183011949129833673362440656643086021394946395224737190702179860943702770539217176293176752384674818467669405132000568127145263560827785771342757789609173637178721468440901224953430146549585371050792279689258923540199561121290219608640344181598136297747713099605187072113499999983729780499510597317328160963185950244594553469083026425223082533446850352619311881710100031378387528865875332083814206171776691473035982534904287554687311595628638823537875937519577818577805321712268066130019278766111959092164201989380925720...

시간을 재는 법

지금이 며칠인지, 몇 시인지 알 수 없다고 상상해 보세요! 언제 씨를 뿌리고 농작물을 수확해야 하는지 알기는커녕 잠들기 전 하루가 얼마나 길었는지조차 알 수 없을 거예요. 우리는 이제 지구가 하루에 한번 자전축을 중심으로 자전한다는 것을 알고 있고, 하루를 24시간으로 나누어요. 그리고 지구가 태양 주위를 한 바퀴 도는 데 약 365일과 6시간이 걸린다는 것을 알고 있으며, 그 주기를 1년이라고 불러요.

음력

지금까지 발견된 달력 중 가장 오래된 것은 스코틀랜드의 워런 필드 유적지에서 발견된 음력 달력이에요. 전문가들에 따르면, 수렵과 채집을 하던 고대인들이 29일 주기의 음력을 사용하여 철마다 옮겨 다니는 동물들이 언제 돌아오는지를 예측했다고 해요.

기원전 약 8000년경

기원전 약 1500년경

기원전 약 1500년경

태양 그림자

고대 이집트인들과 바빌로니아인들이 해의 움직임을 이용한 해시계를 처음으로 사용했어요. 땅에 막대기나 기둥을 세워 놓고 생기는 그림자를 해시계의 바늘로 삼아 그림자의 길이와 위치로 대략적인 시간을 알 수 있었어요.

해시계는 날씨가 흐린 날이나 밤에는 사용할 수 없어요.

그릇에 눈금을 표시하여 시간을 알 수 있었어요.

물과 불

이집트인들은 하루를 두 번의 12시간 주기로 나누어, 각 주기마다 한쪽의 큰 그릇에서 다른 쪽 그릇으로 물이 천천히 일정하게 새어 나오도록 했어요. 그로부터 한참 뒤, 중국과 일본에서는 시간을 재기 위해 물을 흐르게 하는 대신 양초를 태우는 양초시계가 널리 사용되었어요.

마야의 달력

고대 마야인들은 시간에 매료되어 놀랍도록 정확한 달력을 만들었어요. 통합된 마야의 달력은 260일 주기의 종교력(촐킨, Tzolkin), 365일 주기의 태양력(하압, Haab), 마야인들이 세상이 끝나고 다시 시작되는 날이 오는 주기라고 믿었던 1,872,000일의 장기 달력 등 실제로 세 가지의 달력이 맞물려 있어요.

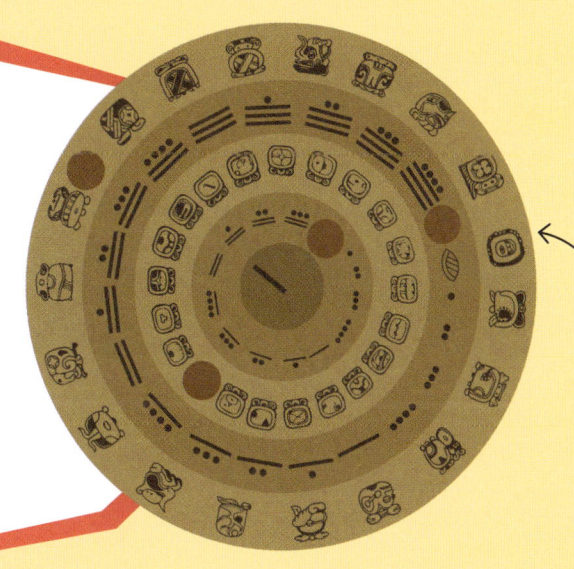

52년마다 종교력과 태양력이 일치하게 돼요. 이를 '캘린더 라운드(달력 주기)'라고 불러요.

기원전 약 500년경

이슬람의 달력

이슬람의 달력은 달의 주기를 따라 한 달이 29~30일인 열두 달로 이루어졌어요. 예언자 무함마드가 메카에서 메디나로 이주한 날을 히즈라라고 하여, 이슬람력이 시작하는 첫날로 삼았어요.

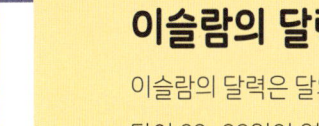

기원전 45년   서기 622년   약 750년경

율리우스력

로마의 절대 군주 율리우스 카이사르는 잘 맞지 않는 로마의 달력을 계절에 맞도록 개혁했어요. 율리우스력은 1태양년을 365일과 6시간으로 계산했어요. 그리고 1년은 12개월로 나누었어요. 매년 남는 6시간 때문에 4년마다 1년이 366일인 '윤년'이 생겼어요.

카이사르가 죽자, 일곱 번째 달을 그의 이름 율리우스(Julius)를 따서 줄라이(July)로, 여덟 번째 달은 카이사르의 후계자였던 아우구스투스(Augustus)의 이름을 따서 어거스트(August)로 불렀어요.

시간의 모래

모래시계는 둥근 유리구 두 개를 이어 붙인 가는 목 사이로 모래가 일정하게 흘러내리도록 해서 시간을 안정적으로 재는 기구예요. 8세기에 발명된 것으로 여겨져요. 모래시계는 그로부터 수백 년 후 선박에서 널리 사용되었어요. 왜냐하면 모래시계는 물시계와는 달리 쏟아지거나, 얼거나, 증발해 버리지 않기 때문이에요.

기계로 작동되는 경이로움

기계식 시계가 실제로 쓰이기까지는 오랜 시간이 걸렸어요. 가장 오래된 기계식 시계 중 하나는 중국의 발명가 장시춘이 만든 것이었어요. 중국의 앞선 시계 제조공들이 만들어 온 것에 덧붙여, 장시춘은 '탈진기'라고 하는 규칙적으로 회전을 반복하는 기계식 장치를 개발하여 천문 시계탑의 바늘이 일정 속도로 움직일 수 있도록 했어요.

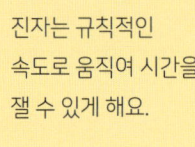

진자는 규칙적인 속도로 움직여 시간을 잴 수 있게 해요.

진자시계

네덜란드의 과학자 크리스티안 하위헌스는 진자(한쪽은 고정하고 다른 한쪽은 무게추를 달아 움직이도록 한 막대)를 이용한 시계를 처음으로 만들었어요. 이 진자시계는 시계의 탈진기와 함께 작동하여 하루에 15분씩 차이 나던 시간을 15초로 줄이면서 보다 정확한 시간을 나타낼 수 있었어요.

977년   1582년   1656년   1761년

그레고리력

교황 그레고리 13세는 1년에 11분씩 차이가 나던 율리우스력을 수정했어요. 이 개정으로 날짜는 열흘을 건너뛰어 1582년 10월 4일 다음 날이 1582년 10월 15일이 되었어요! 그레고리력으로 알려진 이 달력은 천천히 전파되었지만, 오늘날 전 세계에서 가장 널리 사용되고 있어요.

경도 문제의 해결

영국의 발명가 존 해리슨은 하루에 3초 이내로 차이가 날 정도로 놀랍도록 정밀한 항해용 시계 '크로노미터'를 발명했어요. 크로노미터는 육지에서의 시각을 참조로 한 시간차를 이용함으로써, 오랫동안 항해사들에게 골칫거리였던 경도(동쪽이나 서쪽으로 얼마나 떨어져 있는지 나타내는 값)를 측정하는 어려운 문제를 해결해 주었어요.

혁명!

프랑스에서는 루이 16세에 대한 혁명이 일어난 후, 시간에도 큰 변화가 일어났어요. 프랑스 혁명 정부는 한 달이 1주일이 열흘인 3주로 이루어지며 9월부터 시작하는 새로운 달력을 사용하기로 했어요. 시계는 하루가 10시간이고, 한 시간이 100분, 1분이 100초인 체계로 바뀌었지요. 하지만 이 시간 체계는 1805년에 완전히 철회되었어요.

원자시계의 오차는 수백만 년에 1초보다 작을 정도예요.

원자시계

원자시계는 시간을 재는 기구가 발명된 이래로 가장 정밀한 시계예요. 원자의 전자가 규칙적으로 빠르게 진동하는 성질을 사용해서 시간을 재요. 원자시계에 가장 많이 쓰이는 원자는 세슘이에요.

1793년 · 1847년 · 1927년 · 1949년 · 현재

깨끗한 수정

캐나다의 공학자 워런 매리슨은 톱니바퀴 모양의 동력 전달 장치를 이용하여 시와 분을 재고, 시계바늘을 움직일 수 있는 수정시계를 개발했어요. 수정시계는 쿼츠 시계로도 불리는데, 움직이는 진자 대신에 작은 수정 조각을 진동시켜서 시간을 측정해요. 수정시계는 3년에 1초쯤 차이가 날 정도로 다른 시계들보다 훨씬 정확했어요.

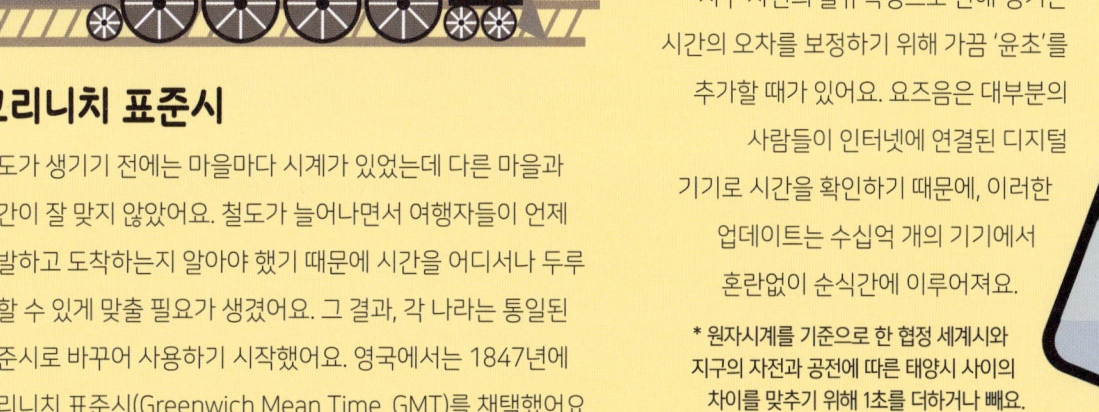

그리니치 표준시

철도가 생기기 전에는 마을마다 시계가 있었는데 다른 마을과 시간이 잘 맞지 않았어요. 철도가 늘어나면서 여행자들이 언제 출발하고 도착하는지 알아야 했기 때문에 시간을 어디서나 두루 통할 수 있게 맞출 필요가 생겼어요. 그 결과, 각 나라는 통일된 표준시로 바꾸어 사용하기 시작했어요. 영국에서는 1847년에 그리니치 표준시(Greenwich Mean Time, GMT)를 채택했어요.

윤초*

지구 자전의 불규칙성으로 인해 생기는 시간의 오차를 보정하기 위해 가끔 '윤초'를 추가할 때가 있어요. 요즈음은 대부분의 사람들이 인터넷에 연결된 디지털 기기로 시간을 확인하기 때문에, 이러한 업데이트는 수십억 개의 기기에서 혼란없이 순식간에 이루어져요.

* 원자시계를 기준으로 한 협정 세계시와 지구의 자전과 공전에 따른 태양시 사이의 차이를 맞추기 위해 1초를 더하거나 빼요.

좌표를 사용하는 법

여러분의 방에서 윙윙거리며 날아다니는 파리의 위치를 어떻게 나타낼 수 있을까요? 이것은 17세기 프랑스의 수학자이자 철학자였던 르네 데카르트가 어느 날 아침 침대에 누워 있다가 빠져든 문제였어요. 이 문제를 골똘히 생각하던 데카르트는 기가 막힌 생각이 떠올랐어요. 바로, 위치를 숫자로 표현하는 정말 간단한 방법이었어요. 천장에 붙은 작은 파리부터 바다에 떠 있는 커다란 배까지, 심지어 태양계의 행성들까지도 좌표를 사용하면 어떤 것이든지 위치를 나타낼 수 있어요.

1 어느 날 아침, 침대에 누워 있던 데카르트가 방 안을 윙윙거리며 날아다니는 파리 한 마리를 보게 되었어요.

계산해 보세요!
좌표

데카르트의 좌표계는 물체의 위치를 숫자 두 개를 이용하여 시작점 0으로부터의 거리로 나타내요. 첫 번째 좌표는 수평 위치이며 시작점으로부터 왼쪽이나 오른쪽으로 얼마만큼 떨어져 있는지를 나타내고, 두 번째 좌표는 수직 위치이며 시작점으로부터 위나 아래로 얼마만큼 떨어져 있는지를 나타내요.

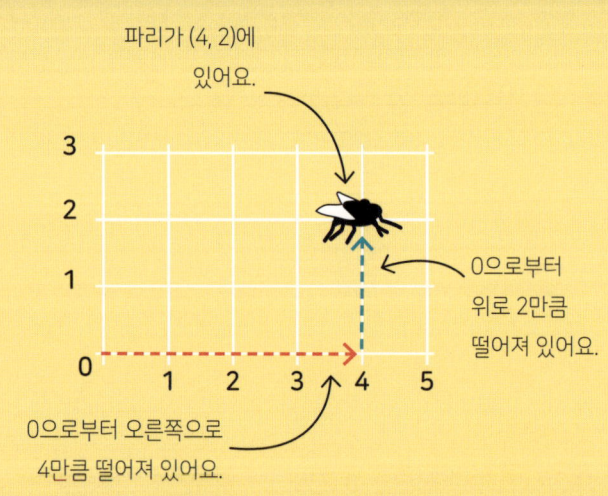

2 파리가 이리저리 날아다니는 것을 보면서 데카르트는 어떻게 하면 파리의 위치를 나타낼 수 있을지를 생각하기 시작했어요.

3 데카르트는 천장에 모눈이 그려져 있다고 상상하면 단지 숫자 두 개(이 그림에서는 4와 2)로 파리의 위치를 정확히 나타낼 수 있다는 것을 깨달았어요. 두 숫자는 데카르트 방의 양쪽 벽 모서리로부터 떨어진 거리를 각각 나타내요.

데카르트가 상상한 천장의 모눈을 발전시켜 천장에 붙은 파리의 위치를 그래프로 나타낼 수 있어요. 파리는 점으로 표시해요. 그래프에서 수평 좌표는 x축, 수직 좌표는 y축이라고 불러요. 파리가 시작점으로부터 수평으로 떨어져 있는 칸에 해당하는 값은 x 좌표, 수직으로 떨어져 있는 칸의 값은 y 좌표라고 해요.

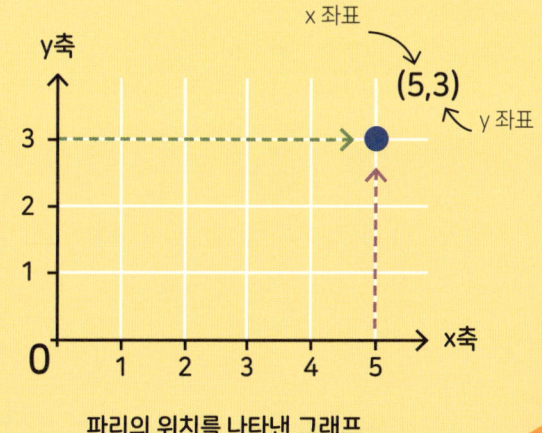

파리의 위치를 나타낸 그래프

음의 좌표

그렇다면 만약 원점 0보다 뒤에 있거나 밑에 있는 것은 어떻게 나타낼까요? 이것을 나타내려면 음의 수까지 포함될 수 있도록 x축과 y축을 연장하면 돼요. x축에서 음의 수는 0보다 왼쪽에 있고, y축에서는 0보다 아래쪽에 있어요.

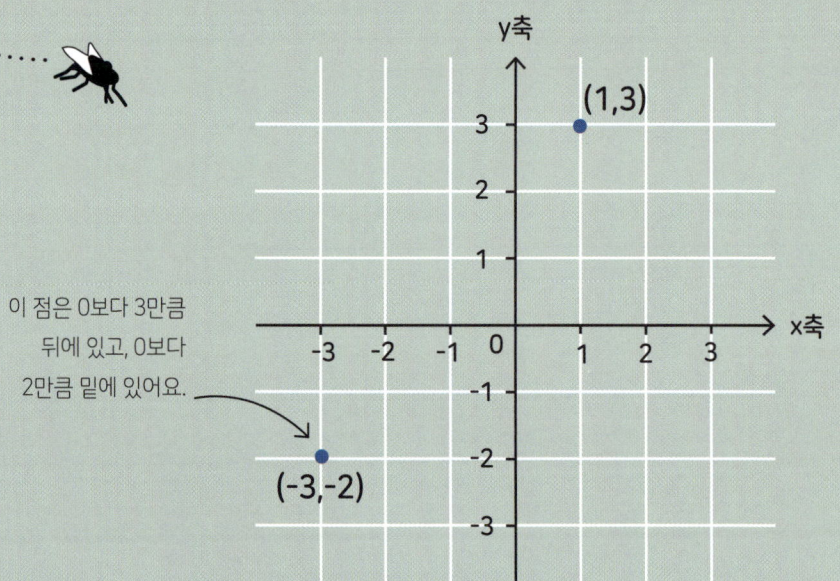

이 점은 0보다 3만큼 뒤에 있고, 0보다 2만큼 밑에 있어요.

이차원과 삼차원

x축과 y축으로 이루어진 그래프는 이차원 좌표계예요. 수학자들은 세 번째 z축을 포함한 삼차원 좌표계도 종종 사용해요. 세 번째 축도 x축, y축과 마찬가지로 시작점 0에서 만나요. 방 안에 있는 상자와 같은 삼차원 공간의 삼차원 물체를 나타낼 때는 z축이 필요해요.

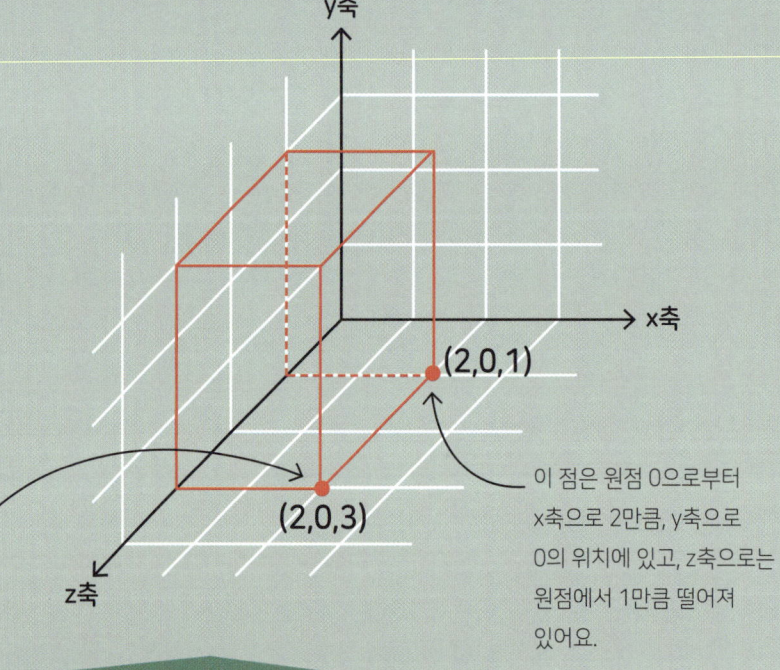

이 점은 x와 y 좌표는 다른 점과 같지만 0으로부터 z축에서 3만큼 떨어져 있어요.

이 점은 원점 0으로부터 x축으로 2만큼, y축으로 0의 위치에 있고, z축으로는 원점에서 1만큼 떨어져 있어요.

현실 속 수학

고고학적 발굴 현장

고고학자는 유적을 발굴할 때 발굴지에 테이프나 줄을 쳐서 격자무늬를 만들어요. 그렇게 만든 격자를 유물들이 정확히 어느 위치에서 발굴이 되었는지 기록하기 위한 좌표로 사용하지요.

한번 해 볼까요?
사라진 보물을 찾는 법

여러분은 지금 오래된 보물섬의 지도를 찾았어요! 지도 뒷면에 불가사의한 수수께끼가 적혀 있어요. 수수께끼가 알려 주는 대로 지도에서 길을 찾아 보물의 위치를 알아내 보세요.

원숭이 해변에서 북서쪽으로 올라가면 흰 눈이 덮인 산에 다다를 것이다. 북쪽으로 더 가서 죽은 자의 동굴이 나오면 남동쪽으로 향하여 해적의 무덤으로 가라. 그곳에서 남서쪽으로 가로지르는 길과 먼저 지나왔던 길이 만나는 곳에 보물이 묻혀 있다.

자, 이제 여러분 자신의 보물섬 지도를 만들어 보세요. 친구들에게 좌표를 어떻게 사용하는지 알려 주고, 보물의 위치를 알아맞혀 보라고 해 보세요. 여러분의 집을 지도로 나타내고 보물을 숨겨 친구가 찾아봐도 재미있을 거예요.

도대체 규칙과 수열이 뭔데?

규칙과 수열은 간단한 구구단 2단부터 불가사의한 소수들에 이르기까지 수학에서 쓰이지 않는 곳이 없어요. 역사를 통틀어 인류는 비밀 정보를 안전하게 지키기 위해 해독 불가능한 암호를 만드는 데 규칙과 수열을 사용해 왔어요. 오늘날에는 규칙과 수열을 이용하여 자연 현상에 대해 연구해요. 예를 들어 간헐천의 분출 현상을 설명하려 할 때처럼요.

혜성의 움직임을 예측하는 법

17세기 영국의 수학자 에드먼드 핼리는 과거의 천문 관측 기록들을 연구하고 있었어요. 수년간 쌓인 혜성 관측 기록들을 목록으로 만들어 정리하다가 어떤 혜성이 반복해서 다시 나타난다는 사실을 알게 되었어요. 핼리는 혜성이 1758년에 돌아올 것이라고 예측했어요. 그리고 1758년이 되자 핼리의 말처럼 혜성이 정말로 다시 나타났어요. 안타깝게도 그 전에 세상을 뜬 핼리는 자신의 예측이 옳았다는 것을 보지 못했지만, 그 혜성은 그의 이름을 따서 핼리혜성이라고 불리게 되었고 에드먼드 핼리의 이름은 역사에 남게 되었어요.

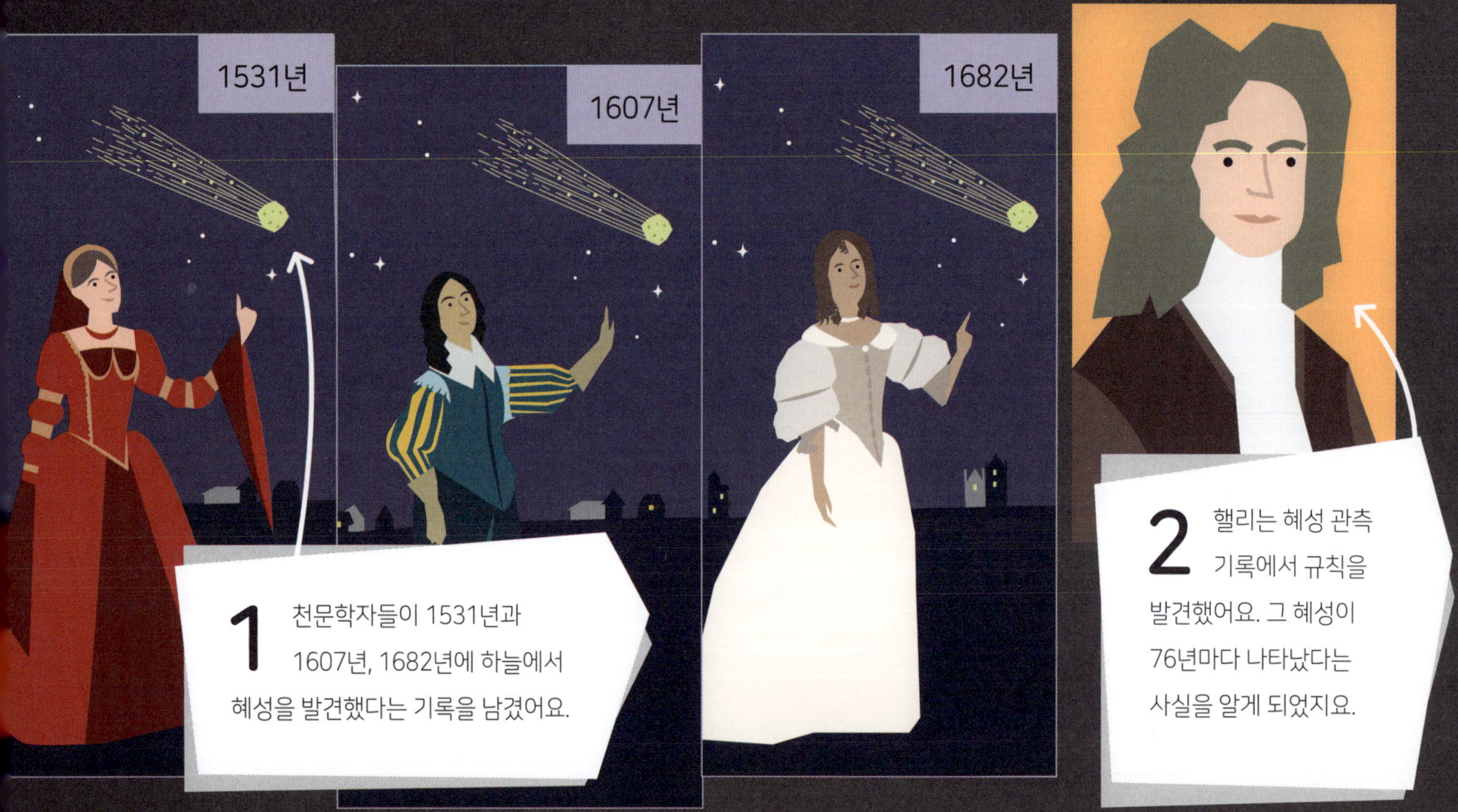

1 천문학자들이 1531년과 1607년, 1682년에 하늘에서 혜성을 발견했다는 기록을 남겼어요.

2 핼리는 혜성 관측 기록에서 규칙을 발견했어요. 그 혜성이 76년마다 나타났다는 사실을 알게 되었지요.

계산해 보세요!
등차수열

혜성 궤도의 예측 가능한 규칙성을 찾아보던 핼리는 혜성이 나타난 연도들이 일정한 간격으로 차이가 나는 것을 알게 되었어요. 어떤 정해진 수만큼 규칙적으로 늘어나는 (또는 줄어드는) 수의 나열을 '등차수열'이라고 해요. 그리고 일정하게 변하는 그 수를 '공차'라고 불러요.

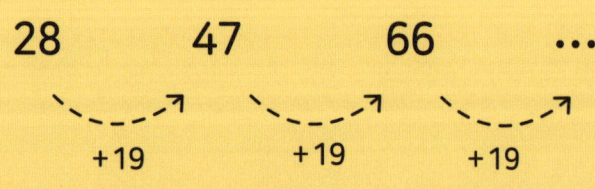

28   47   66   ⋯

+19   +19   +19

공차

이거 알아요?

혜성의 궤도 운동

혜성은 얼음과 돌, 먼지로 이루어진 덩어리로 태양 주위를 길쭉한 동그라미 형태의 타원 궤도(둘레를 도는 길)를 따라 움직여요. 핼리혜성같이 태양 가까이 지나가는 혜성의 경우에는, 혜성 뒤쪽으로 가스 '꼬리'가 생겨 밤하늘에서 빛나곤 해요.

혜성
지구
태양

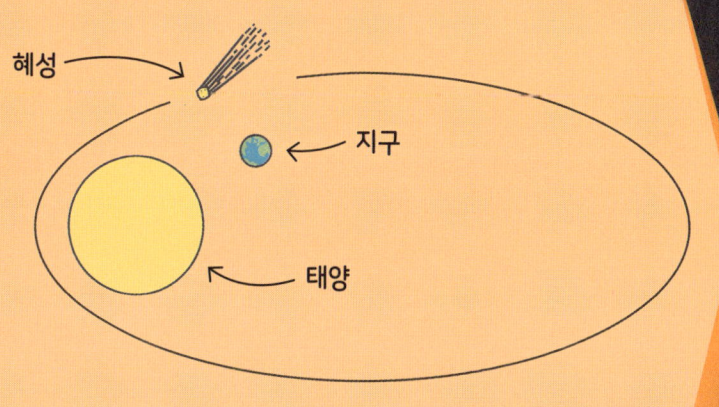

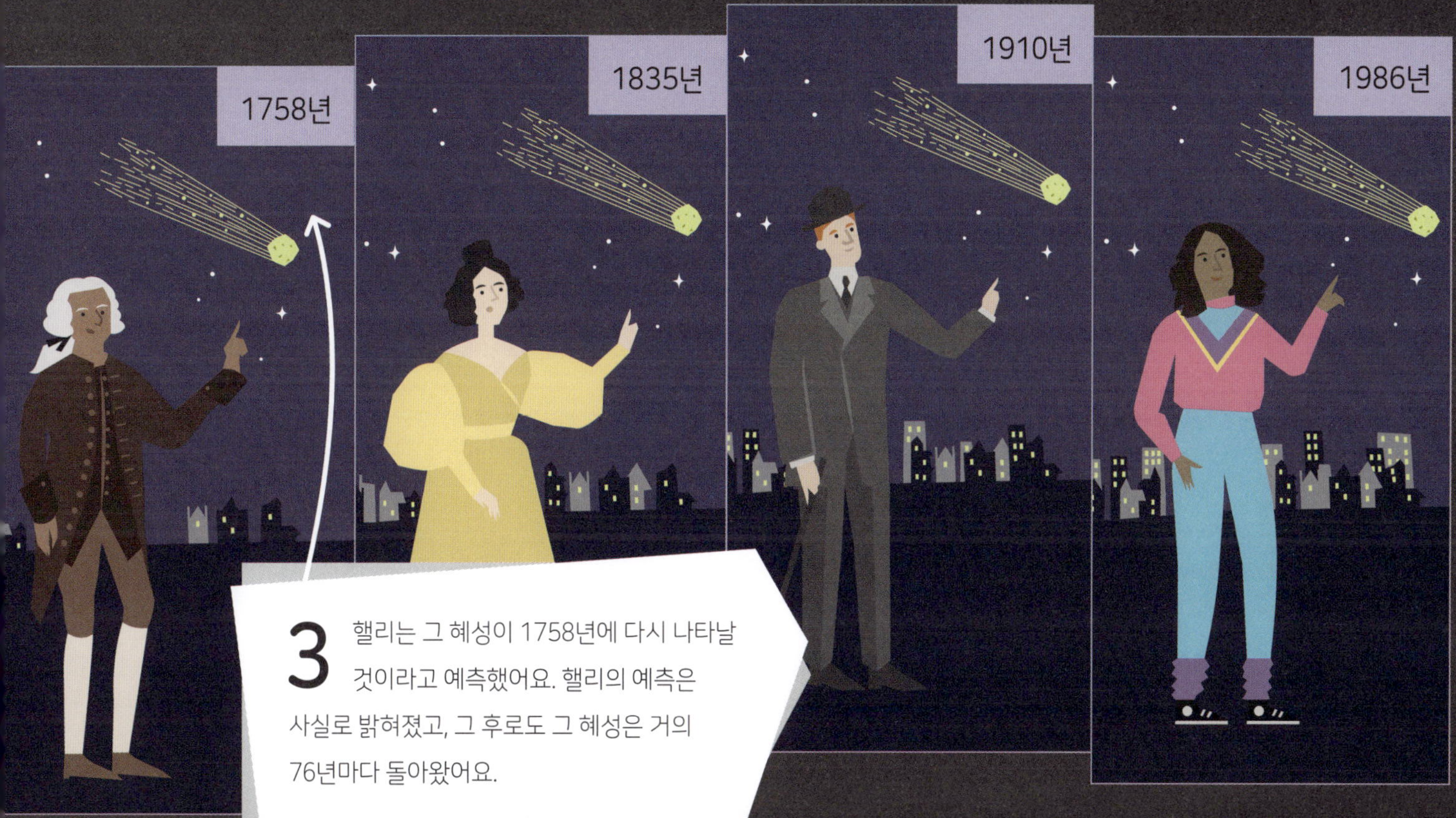

1758년
1835년
1910년
1986년

3 핼리는 그 혜성이 1758년에 다시 나타날 것이라고 예측했어요. 핼리의 예측은 사실로 밝혀졌고, 그 후로도 그 혜성은 거의 76년마다 돌아왔어요.

85 → 104 → 123 → ?

(+19, +19, +19)

공차

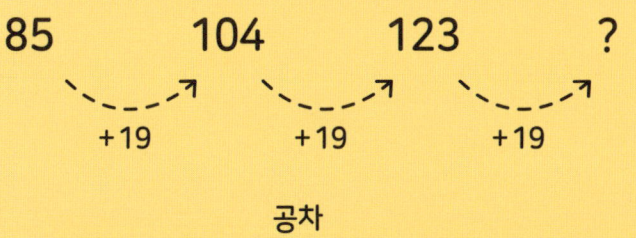

왼쪽 등차수열의 공차는 19예요. 다음에 올 수를 구하려면 앞의 수에 공차를 더하면 되지요. 핼리가 발견한 혜성의 주기는 완벽한 등차수열을 이루지는 않아요. 혜성이 평균적으로 76년마다 돌아오지만 행성들이 끌어당기는 중력 때문에 1~2년 정도 빠르거나 늦게 나타나기도 해요. (핼리는 오차가 생기는 것을 이미 알고 있었어요.)

등차수열의 원리

여기 공차가 3인 간단한 등차수열이 있어요.
다음에 올 수를 구하려면 3을 더해 주면 돼요.

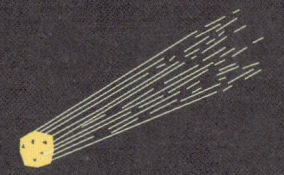

다음과 같이 글자를 이용하면 어떤 등차수열이든지 다
나타낼 수 있어요.

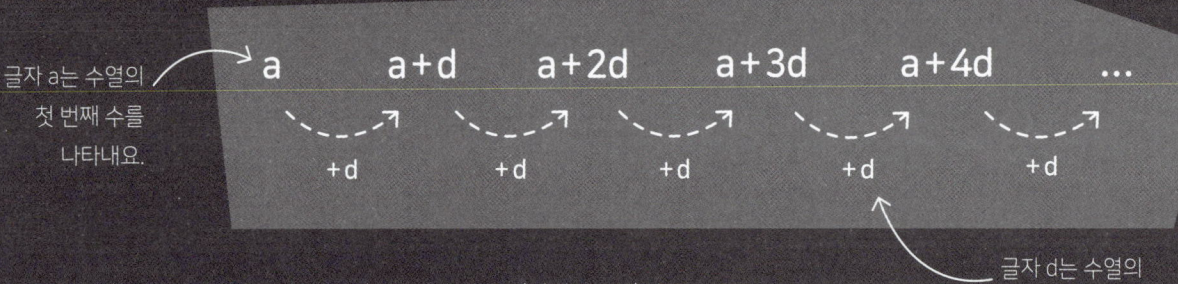

글자 a는 수열의 첫 번째 수를 나타내요.

글자 d는 수열의 공차를 나타내요.

이런 식으로 위의 등차수열을 표현하면, 첫 번째 숫자는 a(여기서는 2)이고
공차는 d(여기서는 3)예요. 그러면 다음에 나올 수는 $a + 5d$가 되고, 글자에
해당하는 값을 숫자로 바꾸면 $2 + (5 \times 3) = 17$이라는 것을 알 수 있어요.

숫자 포개기

1780년대 독일에서 한 선생님이 여덟 살 난 학생들을 한동안
조용히 시키려고 문제 하나를 냈어요. 1부터 100까지 차례대로
더하면 얼마인지를 알아맞히라는 문제였지요.

$1 + 2 + 3 + \cdots + 98 + 99 + 100 = ?$

놀랍게도 한 학생이 2분 만에 답을 구했어요. 그 당시엔 계산기도
없었는데, 어떻게 한 걸까요?

그 소년은 수를 나열하고 반으로 포개어 1과 100이 만나고, 2와
99가 만나게 짝지었어요. 한 쌍의 수를 더하면 101이고, 모든 쌍의
합이 같아요. 합이 101이 되는 수의 쌍들이 모두 50개이기 때문에
소년은 101에 50을 곱해서 답 5050을 쉽게 구했어요.

n번째 수 알아내기

만약 등차수열에서 21번째 수가 무엇인지 알고 싶으면 어떻게 해야 할까요? 121번째로 나오는 수는요? 숫자를 순서대로 21번째까지 일일이 써서 알아내는 방법은 시간이 너무 오래 걸리기 때문에 쉽게 답을 구할 수 있는 식을 만들면 좋겠어요.

다음의 n번째 항 공식을 이용하면 답을 쉽게 찾을 수 있어요. 여기에서 글자 n은 수열에서 몇 번째 항인지를 가리켜요.

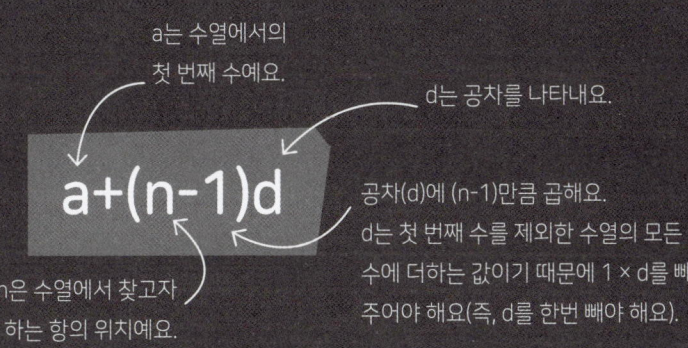

a는 수열에서의 첫 번째 수예요.

d는 공차를 나타내요.

$a+(n-1)d$

공차(d)에 (n-1)만큼 곱해요. d는 첫 번째 수를 제외한 수열의 모든 수에 더하는 값이기 때문에 1 × d를 빼 주어야 해요(즉, d를 한번 빼야 해요).

n은 수열에서 찾고자 하는 항의 위치예요.

이제 n-1(여기서는, 21 - 1 = 20)을 공차(여기서는, 3)에 곱하고 여기에 a(여기서는, 2)를 더해 주어요.

$2+(21-1)\times 3 = 62$

그러면 2, 5, 8…로 이어지는 수열의 21번째 수는 62라는 것을 알 수 있어요.

한번 해 볼까요?
좌석 수 세기

어느 학교 강당은 좌석이 모두 열다섯 줄로 배치되어 있는데, 무대와 가까운 제일 앞줄에는 좌석이 열두 개 놓여 있어요. 뒤로 갈수록 공간이 넓어져 한 줄에 좌석이 두 개씩 많아져요.

옆의 n번째 항 공식을 이용하여 강당 맨 뒷줄에는 좌석이 몇 개인지 답을 구해 보세요.

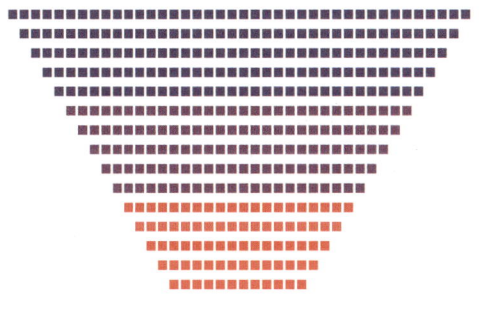

100을 1에 더하고, 99를 2에 더하고, 98을 3에 더하고, 이런 식으로 계속해요.

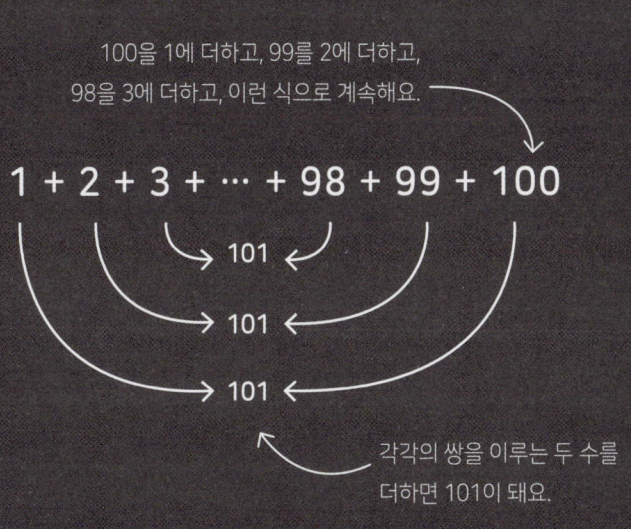

$1 + 2 + 3 + \cdots + 98 + 99 + 100$

101
101
101

각각의 쌍을 이루는 두 수를 더하면 101이 돼요.

이 소년의 이름은 카를 프리드리히 가우스예요. 훗날 세상에서 가장 훌륭한 수학자 중의 한 명이 되었어요. (숫자 포개기 방법을 '가우스의 덧셈'이라고 해요.)

현실 속 수학

간헐천의 반복적 분출

미국의 옐로스톤 국립 공원에 있는 올드 페이스풀이라는 간헐천은 물과 수증기를 약 90분마다 분출하는 것으로 잘 알려져 있어요. 하지만 실제로 분출하는 시간은 한두 시간씩 차이가 나곤 해서, 간헐천의 분출 간격이 정확한 등차수열을 이루지는 않아요.

억만장자가 되는 법

1, 2, 4, 8, 16… 다음에 올 숫자는 무엇일까요? 답은 32예요. 이런 순서로 나열된 수들, 즉 '수열'에서 다음에 올 숫자는 바로 앞의 수에 2를 곱하면 구할 수 있어요. 처음에는 조금씩 늘어나는 것처럼 보이지만, 곧 어마어마하게 큰 수가 될 거예요. 체스 시합에서 진 왕에 관한 인도의 전설적인 이야기를 통해 알아봐요.

1 왕은 떠돌이 현자에게 체스 시합에서 이긴 상으로 무엇을 받고 싶은지 물었어요. 현자는 체스 판의 칸마다 쌀알을 채워 달라고 조심스럽게 말했어요. 첫째 칸에 쌀알 한 톨, 둘째 칸에는 쌀알 두 톨, 이런 식으로 매번 그 앞 칸의 두 배씩 양을 늘려 달라는 얘기였어요.

2 처음에는 왕도 충분히 적절한 요구라고 생각했어요. 그러나 숫자가 계속 두 배씩 증가하자 쌀이 체스 판에 산더미같이 쌓이게 되었지요.

계산해 보세요!
등비수열

체스 판의 각각의 칸 위에 놓을 쌀알의 개수는 바로 앞 칸에 있는 쌀알 개수에 '공비'라고 부르는 정해진 값(이 경우에는 2)만큼을 곱하면 알 수 있어요. 각수에 공비를 곱해서 늘어나는 수들의 배열을 등비수열이라고 해요.

쌀알 개수 곱하기

3 결국에는 왕이 현자에게 자그마치 1,800만조 개의 쌀알을 주어야 하는 상황에 이르렀어요. 왕국 전체를 다 덮을 수 있을 만큼 엄청난 양이었어요!

이거 알아요?

종이 접기

종이를 반으로 접는 것을 상상해 보세요. 만약 종이를 반으로 54번 접으면 접힌 두께는 지구에서 태양에 닿을 거리만큼이 돼요. 실제로 종이를 그렇게 여러 번 접는 것은 불가능해요. 종이가 너무 두꺼워져서 더 이상 접히지 않게 될 테니까요!

쌀알 개수를 숫자로 나타내면 이 수열이 어떻게 전개되는지 알 수 있어요. 1에서 시작해 16으로 늘어나기까지 겨우 4단계만 거치면 돼요. 여기에서 다시 4단계를 더 거치면 256이 되지요! 어떻게 쌀알 개수가 그렇게 빨리 엄청나게 늘어날 수 있었는지 알 수 있겠죠?

숫자 곱하기

왕실의 체스 판과 쌀알의 수

체스 판의 각각의 네모 칸에 쌀알의 개수가 적혀 있어요. 숫자가 얼마나 급격하게 커지는지 보세요!

오른쪽 맨 아래 칸에 있는 숫자를 크게 읽어 볼까요?

현실 속 수학

탄소 14와 방사성 탄소 연대 측정법

과학자들은 얼마나 오래전에 식물과 동물이 살았는지를 알아내는 데 등비수열을 사용해요. 생물의 잔해에 남아 있는 탄소 14라는 물질의 양은 5730년마다 절반씩 줄어들어요. 그래서 생물이 죽을 때 몸에 있던 탄소 14의 양이 얼마였는지를 알고, 현재 남아 있는 양을 재면 그 유기체가 언제 살아 있었는지를 알 수 있어요.

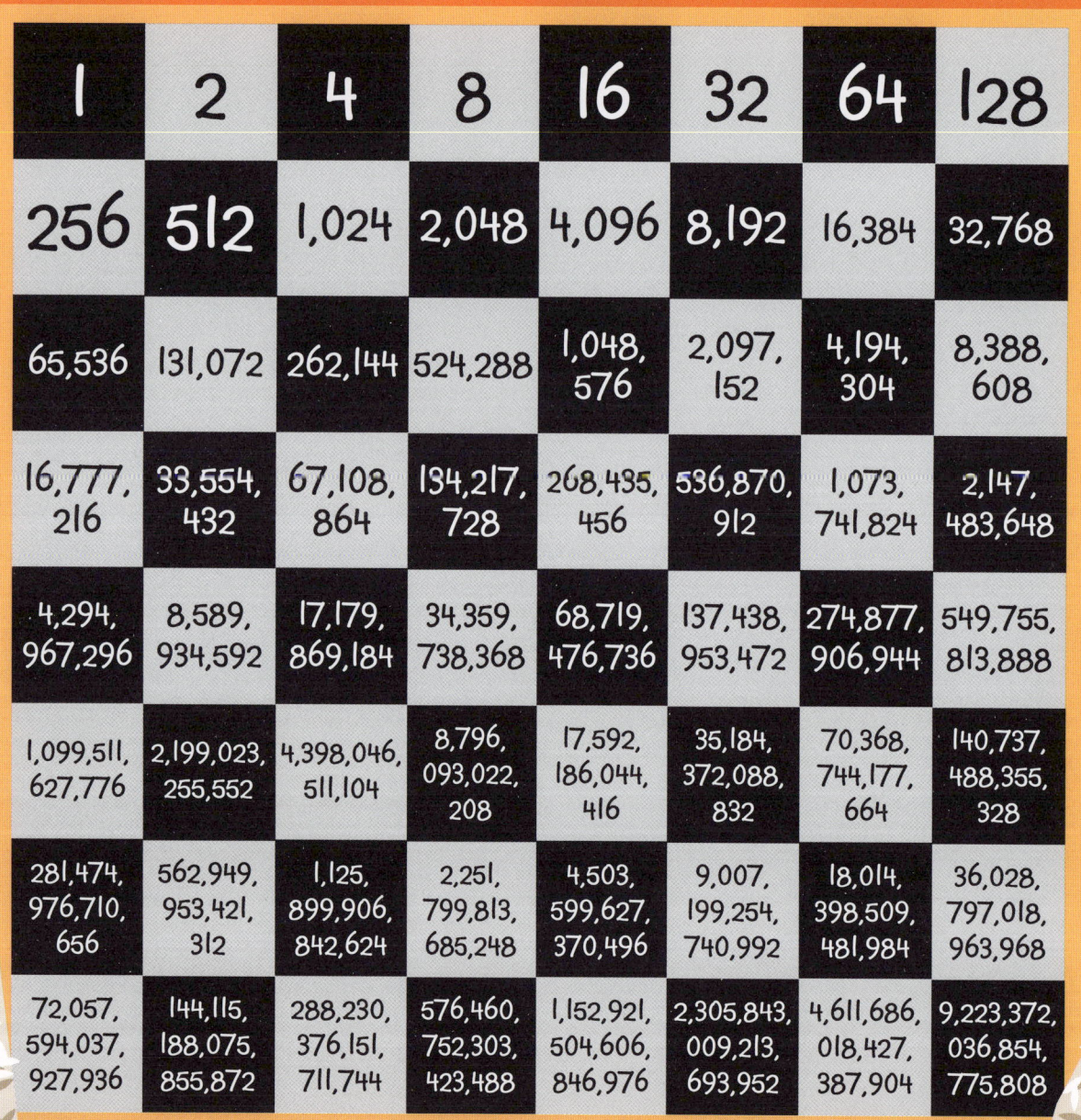

1	2	4	8	16	32	64	128
256	512	1,024	2,048	4,096	8,192	16,384	32,768
65,536	131,072	262,144	524,288	1,048,576	2,097,152	4,194,304	8,388,608
16,777,216	33,554,432	67,108,864	134,217,728	268,435,456	536,870,912	1,073,741,824	2,147,483,648
4,294,967,296	8,589,934,592	17,179,869,184	34,359,738,368	68,719,476,736	137,438,953,472	274,877,906,944	549,755,813,888
1,099,511,627,776	2,199,023,255,552	4,398,046,511,104	8,796,093,022,208	17,592,186,044,416	35,184,372,088,832	70,368,744,177,664	140,737,488,355,328
281,474,976,710,656	562,949,953,421,312	1,125,899,906,842,624	2,251,799,813,685,248	4,503,599,627,370,496	9,007,199,254,740,992	18,014,398,509,481,984	36,028,797,018,963,968
72,057,594,037,927,936	144,115,188,075,855,872	288,230,376,151,711,744	576,460,752,303,423,488	1,152,921,504,606,846,976	2,305,843,009,213,693,952	4,611,686,018,427,387,904	9,223,372,036,854,775,808

거듭제곱

거듭제곱이란 같은 수를 여러 번 곱하는 것을 말해요. 거듭제곱을 사용해서 쌀알이 단계별로 얼마만큼 증가하는지를 나타낼 수 있어요. 거듭제곱은 곱하고자 하는 수의 오른쪽 위에 작은 숫자로 표시해요. 즉, 2^2는 2×2라는 뜻이고, 4^3은 $4 \times 4 \times 4$라는 뜻이에요.

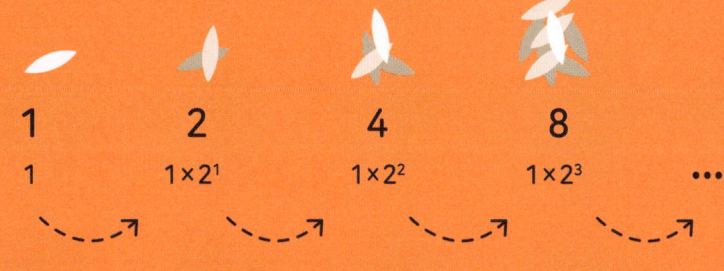

이 식을 사용하면, 왕의 체스 판에서 몇 번째 순서에 있는 값이라도 쉽게 구할 수가 있어요. 그러려면 세 가지 값을 알아야 해요. 수열이 시작할 때의 첫 번째 수(여기에서는 1), 공비(일정하게 곱하는 수)의 값(여기에서는 2), 구하려는 항(수열을 이루는 각 수)의 순서에서 1을 뺀 수예요.

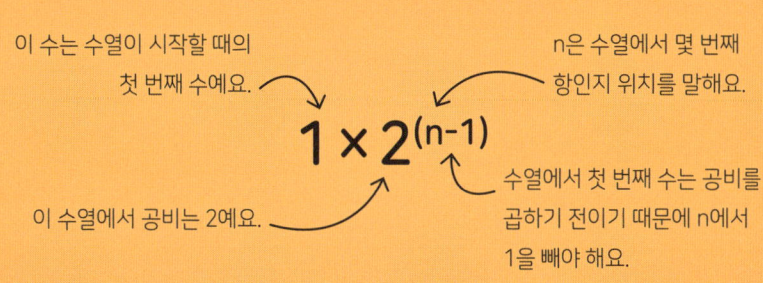

이 수는 수열이 시작할 때의 첫 번째 수예요.

n은 수열에서 몇 번째 항인지 위치를 말해요.

$$1 \times 2^{(n-1)}$$

이 수열에서 공비는 2예요.

수열에서 첫 번째 수는 공비를 곱하기 전이기 때문에 n에서 1을 빼야 해요.

이제 이 수열에서 20번째 항의 값을 구해 볼까요? 아마 계산기가 필요할 거예요!

위의 수열에서 여섯 번째 값을 구하려면 n-1에 대입해서 6-1 또는 5를 먼저 구해요.

$$1 \times 2^{(6-1)} = 1 \times 2^5 = 32$$

위의 수열에서 6번째 값은 32예요.

한번 해 볼까요?
저축을 늘리는 법

여러분이 동전 두 개를 이자율이 매우 좋은 은행에 저축했어요. 2년이 지나자 동전이 6개로 늘어났어요. 5년 후에 동전은 몇 개가 될까요?

동전의 개수는 매년 같은 비율로 증가해요. 매년 저축된 동전의 총 개수는 그 전 해의 동전 개수에 3만큼 곱한 값이에요.

5년째에는 동전의 개수가 $2 \times 3^4 = 162$개가 되겠지요.

계산식 $2 \times 3^{(n-1)}$을 사용하여 15년 후에는 동전 개수가 몇 개가 될지 계산해 볼까요?

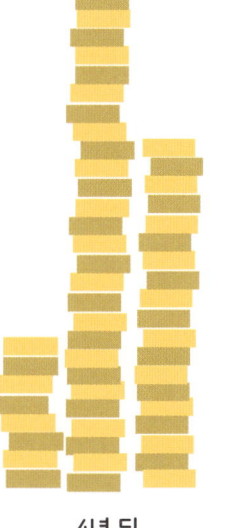

1년	2년 뒤	3년 뒤	4년 뒤	5년 뒤
2	$2 \times 3^1 = 6$	$2 \times 3^2 = 18$	$2 \times 3^3 = 54$	$2 \times 3^4 = 162$

소수를 이용하는 법

소수(素數)는 1보다 큰 자연수 중에서 1과 그 수 자신을 제외하고는 다른 수로 나누어지지 않는 수예요. 모든 자연수는 소수이거나 소수를 서로 곱한 수, 즉 '합성수'이기 때문에 수학자들에게 소수는 수학의 집 짓기 블록과 같아요.

수수께끼 소수

수학자들이 소수에 흥미를 가지는 가장 큰 이유는 무한하게 많은 소수가 있지만 소수들 사이에서 일정한 규칙을 찾을 수가 없기 때문이에요. 그리고 2만 유일하게 짝수이고, 나머지 소수들은 모두 홀수예요.

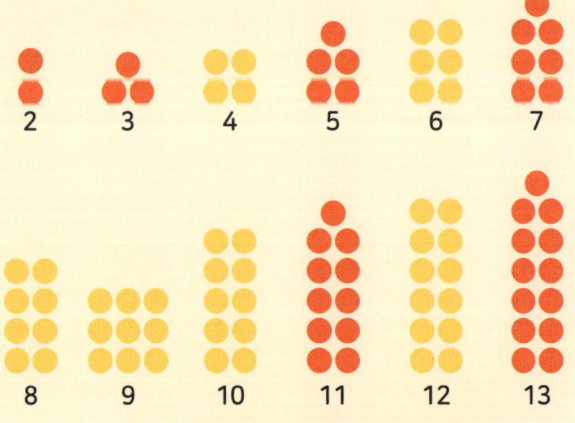

이거 알아요?

가장 큰 소수
2019년 1월까지 알려진 소수 중에서 가장 큰 수는 자릿수가 24,862,048에 달해요.

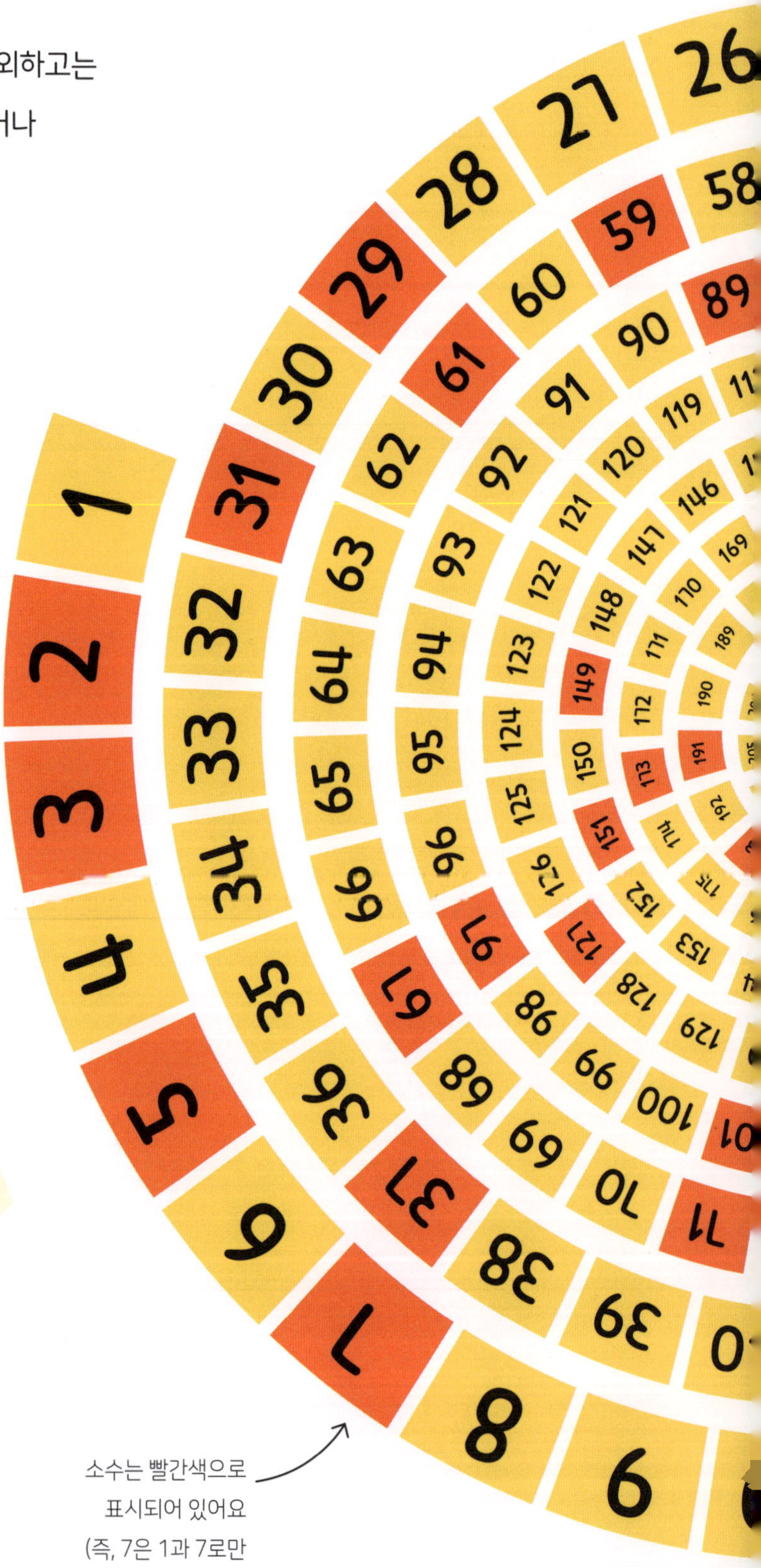

소수는 빨간색으로 표시되어 있어요 (즉, 7은 1과 7로만 나누어진다는 뜻이에요.).

온라인 보안

온라인에서 돈을 지불할 때, 소수는 풀 수 없는 암호 코드를 만드는 데 사용이 돼요. 결제의 보안을 유지하기 위한 '잠금 장치'는 아주 큰 수이고, 그것을 풀 수 있는 '열쇠'는 두 개의 소인수(서로 곱해서 합성수를 만드는 소수)로 되어 있어요. 그 수들이 무엇인지 알아내는 데는 수천 년이 걸리기 때문에 결제를 안전하게 할 수 있는 것이지요.

퍼즐

589를 두 개의 소수로 나누어 보세요. (왼쪽의 소수 수레바퀴를 사용하면 쉬워요!)

합성수는 노란색으로 표시되어 있어요(즉, 12는 2×2×3로 나뉘는 소수의 곱이에요.).

소수 시간

주기 매미*는 땅속에서 살다가 13년이나 17년마다 번식하고 알을 낳기 위해 땅 위로 올라와요. 이처럼 소수에 맞춘 생애 주기는 매미를 먹이로 삼으려는 천적들로부터 보호하고, 매미가 짝짓기를 수월하게 준비하는 데 도움이 돼요.

* 주로 미국에 서식하는 매미 종류.

영원히 갈 수 있는 법

어떤 것들은 결코 간단히 끝나지 않아요. 끝이 있는 것을 '유한'하다고 하고, 끝이 없는 것을 '무한'하다고 해요. 무한대는 어떠한 수보다도 크지만 숫자가 아니에요. 특정한 수보다는 거의 상상하기 힘든 모호한 개념에 가까워요. 무한대는 끝이 없고 경계가 없으며, 수학의 세상에 해결하기 어려운 난문제들을 가져왔어요.

힐베르트의 호텔

독일의 수학자 다비트 힐베르트는 방이 무한하게 있는 무한대 호텔에 관한 사고 실험으로 기이한 무한대의 수학을 보여 주었어요.

1 무한대 호텔에 손님이 가득 찼는데, 어느 날 손님이 한 명 더 찾아왔어요.

2 무한대 호텔이기 때문에 방은 언제나 더 있어요. 그래서 주인은 이미 있던 손님들에게 한 칸씩 방을 옮겨 달라고 했어요. 즉, 1번 방 손님은 2번 방에, 2번 방 손님은 3번 방에, 이런 식으로 계속 옮겨서 새 손님은 1번 방을 쓸 수 있게 되었어요. 따라서, 무한대 + 1 = 무한대예요.

3 얼마 후, 어느 무한대 팀의 코치가 무한히 많은 선수들을 데리고 찾아왔어요. 주인은 새로 온 손님들을 위해 원래 있던 손님들에게 자기 방 번호에 2를 곱한 수가 적혀 있는 방으로 이동하도록 했어요.

4 기존에 있던 손님들은 이제 모두 짝수 방을 사용하게 되었고, 무한한 수의 홀수 방은 새로운 손님들이 사용할 수 있게 되었어요! 즉, 2 × 무한대 = 무한대예요.

제노의 경주

고대 그리스 수학자 제노는 전설적인 그리스 영웅 아킬레스와 거북이의 경주 이야기로 무한대의 개념을 설명했어요. 거북이는 아킬레스보다 앞에서 출발하고, 빠른 아킬레스는 곧 거북이가 출발한 곳에 다다라요. 하지만, 거북이는 그사이에 조금 더 앞으로 갔어요. 아킬레스가 거북이가 있던 곳에 다다를 때마다 거북이는 일정한 비율만큼 조금 더 앞서 가 있어요. 제노의 이 엉뚱한 이야기는 무한대의 개념을 주의해서 이용해야 하는 이유를 보여 줘요.

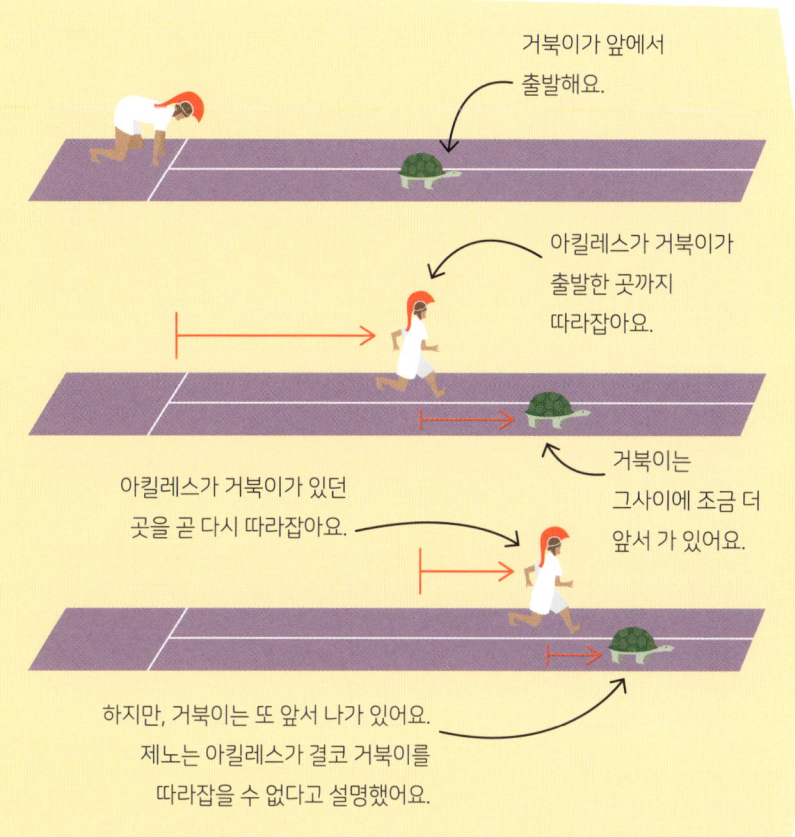

거북이가 앞에서 출발해요.

아킬레스가 거북이가 출발한 곳까지 따라잡아요.

아킬레스가 거북이가 있던 곳을 곧 다시 따라잡아요.

거북이는 그사이에 조금 더 앞서 가 있어요.

하지만, 거북이는 또 앞서 나가 있어요. 제노는 아킬레스가 결코 거북이를 따라잡을 수 없다고 설명했어요.

이거 알아요?

이상한 이름들

몇몇 큰 숫자들은 특이한 이름으로 불려요. 1 뒤에 0이 100개 붙는 수를 구골(googol)이라고 하고, 1 뒤에 구골 개의 0이 붙는 수를 구골플렉스(googolplex)라고 해요!

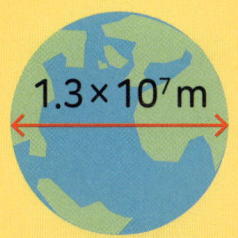

10^7처럼 큰 수는 거듭제곱을 사용하면 쓰기가 편해요.

1.3×10^7 m

지구의 직경

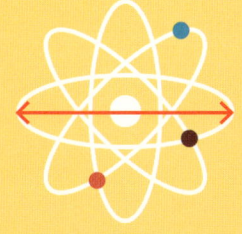

거듭제곱은 앞에 음의 부호(-)를 붙여 (10^{-10}처럼) 매우 작은 것들을 말할 때 쓰기도 해요.

1×10^{-10} m

원자의 크기

큰 수

일상생활에서 흔히 쓰이는 숫자와 무한대 사이에 있는 수의 집단을 '큰 수'라고 불러요. 이 수들은 측정 가능한 우주의 크기(8.8×10^{26}미터)나 인간의 몸을 이루는 세포의 개수(약 3.72×10^{13}개), 또는 어느 물질에 있는 원자의 개수과 같은 것들을 말할 때 사용돼요.

비밀을 지키는 법

여러분의 비밀을 지킬 수 있는 가장 안전한 방법은 무엇일까요? 바로 수학이에요! 역사를 통틀어 사람들은 글자를 다른 글자나 숫자, 기호로 바꾸어 쓰는 방식의 암호를 사용하여 비밀이 다른 사람에게 전달되는 일을 막으려고 했어요.

이거 알아요?

암호술

암호술을 뜻하는 영어의 크립토그래피(cryptography)라는 단어는 그리스어로 '숨겨진' 또는 '비밀의'라는 뜻의 크립토스와 '쓰다'라는 뜻의 그라포에서 왔어요.

불빛 메시지

고대 그리스의 병사들은 벽에 걸어 놓은 다양한 숫자의 횃불을 사용하여 전투 상황에 관한 정보를 교류했어요. 불을 밝힌 횃불의 수는 '폴리비우스 사각형'이라고 불리는 글자 눈금판의 특정한 행과 열에 해당해요. 예를 들어, 글자 'H'를 나타내려면 오른쪽에 횃불 두 개(두 번째 행이라는 뜻), 왼쪽에 횃불 세 개(세 번째 열이라는 뜻)를 밝혔어요.

	1	2	3	4	5
1	A	B	C	D	E
2	F	G	H	I	J
3	K	L	M	N	O
4	P	Q	R	S	T
5	U	V	W	X	Y/Z

2/3 1/5 3/2 3/2 3/5
= H E L L O

기원전 3세기

카이사르의 평행 이동 암호

로마의 장군 율리우스 카이사르는 그의 병사들에게 비밀스러운 지령을 전달하기 위해 치환 암호를 사용했어요. 오늘날 '카이사르의 평행 이동 암호'라고 알려진 것이지요. 카이사르는 알파벳을 순서대로 쓴 다음, 병사들과 미리 약속해 두었던 수만큼 더하거나 빼서 이동시켜 암호를 만들었어요. 예를 들어, 3만큼을 더하기로 했다면, 'a'는 'd'가 되고, 'b'는 'e'로 바뀌어요.

a	b	c	d	e	f	g	h	i	j	k	l	m	n	o	p	q	r	s	t	u	v	w	x	y	z
D	E	F	G	H	I	J	K	L	M	N	O	P	Q	R	S	T	U	V	W	X	Y	Z	A	B	C

PRYH DW GDZQ = move at dawn (새벽에 이동하라)

퍼즐

암호 풀기

방금 일급비밀이 적힌 쪽지를 입수했어요! 한글 자모 24자로 만든 카이사르의 암호로 쓰인 암호문을 해독할 수 있나요?

일반 글자	ㄱ	ㄴ	ㄷ	…	ㅠ	ㅡ	ㅣ
암호 글자	ㄹ	ㅁ	ㅂ	…	ㄱ	ㄴ	ㄷ

암호문: ㅋㅣㅅㄷㅁㅁ ㅓㅕㅁㅕ

윗줄은 암호화되기 전의 '일반 글자'예요.

아랫줄은 암호화된 글자예요. 이것으로 전하고자 하는 내용을 암호로 만들어요.

기원전 약 50년경

9세기

인기 있는 글자

아라비아 철학자 알 킨디는 고대 문헌에 쓰인 암호를 분석했어요. 그리고 어떤 글자들은 다른 글자들에 비해 더 자주 사용된다는 것을 알게 되었지요. 알 킨디는 암호로 작성된 메시지가 어떤 언어이든지 가장 자주 쓰이는 기호는 아마도 그 언어에서 가장 인기 있는 글자일 거라는 결론을 냈어요.

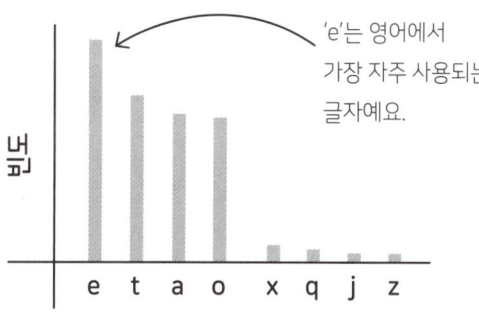

'e'는 영어에서 가장 자주 사용되는 글자예요.

회전하는 원판

이탈리아의 건축가 레온 바티스타 알베르티는 암호 원판이라고 불리는 기구를 개발했어요. 하나는 작고 다른 하나는 큰, 크기가 다른 두 개의 원판을 가운데에 핀으로 고정시켰어요. 두 원판의 가장자리에는 서로 다른 기호와 글자를 새겼어요. 예를 들어, F&MS&*F 라는 메시지를 해독하려면 작은 원판을 돌려 코드 메시지의 첫 번째 글자(여기에서는 F)가 미리 약속해 둔 시작 글자(여기에서는 s)와 일직선이 되도록 맞춰요. 나머지 글자들은 맞춰진 원판의 위치에서 읽어 내서 원래 메시지인 'secrets(비밀)'으로 해독할 수 있어요. 알베르티의 암호는 카이사르의 이동 암호보다 풀기가 더 어려웠어요. 암호화된 메시지에 글자 몇 개마다 원판의 위치를 다시 맞추라는 지시 또한 포함할 수 있기 때문이에요.

책에 숨겨진 것

인쇄기가 발명되고 70년쯤 지나 책이 널리 보급되었던 무렵, 야코부스 실베스트리는 책 암호를 개발했어요. 책 암호란 메시지를 보내는 사람과 받는 사람 사이에 미리 약속해 둔 특정한 책을 사용하여 암호를 쓰는 것이에요. 전하고자 하는 원래 메시지의 단어는 책 안에 있고, 어느 페이지의 어떤 위치에 해당하는지를 숫자로 나타내요. 메시지를 받는 사람은 그 숫자들을 써야만 찾고자 하는 단어가 책의 어디에 숨겨져 있는지 알 수 있어요.

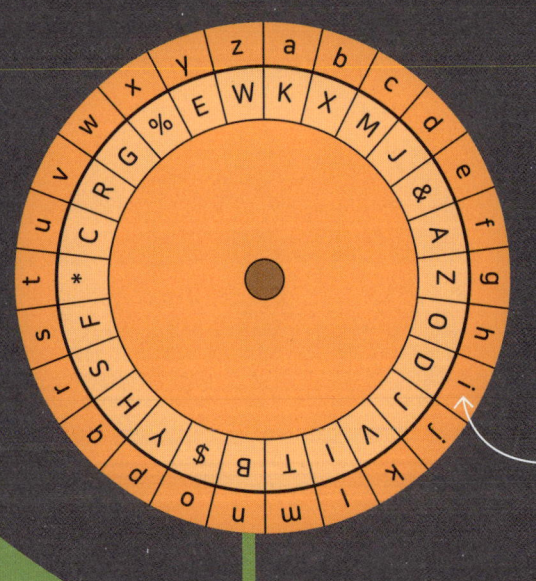

안쪽 원에 있는 글자들이 암호예요. 바깥쪽 원에 있는 글자들은 원래의 메시지를 나타내요.

1467년

1526년

1586년

비즈네르 암호

프랑스의 암호학자인 블레즈 드 비즈네르는 카이사르의 평행 이동 암호를 발전시켰어요. 비즈네르는 알파벳을 여러 줄로 쌓아 격자판을 만들고, 한 메시지에 들어 있는 글자를 각각 암호로 바꾸어 쓸 수 있었어요. 비즈네르의 암호는 거의 풀기가 불가능하여 수 세기 동안 풀리지 않은 채로 남았어요.

모스 부호

수 세기 동안 전령꾼은 발로 뛰고 말을 달려서 비밀을 전달했어요. 그러다 전신이 발명되면서 장거리 간의 대화가 거의 실시간으로 가능하게 되었어요. 미국의 발명가 새뮤얼 모스는 점(짧은 전기 신호)과 선(긴 전기 신호)을 이용한 전신 부호 체계를 만들었어요. 이 부호들을 전신 기계에 톡톡 두드려 알파벳 글자를 나타냈지요.

국제 모스 부호

A	·—	N	—·
B	—···	O	———
C	—·—·	P	·——·
D	—··	Q	——·—
E	·	R	·—·
F	··—·	S	···
G	——·	T	—
H	····	U	··—
I	··	V	···—
J	·———	W	·——
K	—·—	X	—··—
L	·—··	Y	—·——
M	——	Z	——··

1586년

1830년대

퍼즐

비밀 메시지 보내기

모스 부호를 사용하여 친구에게 비밀 메시지를 보내 보세요.

발각된 음모

메리 스튜어트는 자신이 영국의 여왕이 되어야 한다고 생각했어요. 메리 스튜어트와 그녀의 지지자들은 엘리자베스 여왕 1세를 암살하기로 모의하고, 글자를 다른 글자로 바꿔 쓰는 치환 암호로 계획을 논의하였지요. 그러나 엘리자베스 여왕 1세의 정보원 대장이었던 프랜시스 월싱엄 경이 스튜어트 일당의 메시지를 가로채서 암호를 풀고 반역 계획을 밝혀냈어요. 메리 스튜어트는 결국 반역죄로 처형됐어요.

81

피그펜 암호

피그펜은 미국 남북 전쟁(1861~1865) 때 감옥에 갇힌 연방군 병사들이 사용하던 치환 암호예요. 네 가지 종류의 격자를 그린 다음 영어 알파벳을 한 칸에 한 글자씩 표시해요. 각각의 글자를 뜻하는 기호는 그 글자가 위치한 특정한 격자의 모양으로 나타냈어요. 알파벳 J에서 R까지와 W에서 Z까지는 그 모양에 점을 덧붙였어요.

= escape this way(이쪽으로 탈출하라)

1861~1865년

1939~1945년

전쟁 중 비밀

제2차 세계 대전 중, 독일군은 정보를 암호화하는데 에니그마라는 기계를 사용했어요. 에니그마는 암호로 바꾼 문서 조각마다 무려 158,000,000,000,000,000,000가지에 이르는 경우의 수를 만들어 냈기 때문에 해독이 거의 불가능했어요. 하지만 에니그마의 약점을 마침내 알아낸 수학자 앨런 튜링과 뛰어난 학자들이 결국은 독일군 암호를 해독하는 데 성공했어요. 당시 영국의 암호학자들은 대부분이 여성이었어요. 이들 덕분에 독일의 일급비밀 정보를 알아낼 수 있었어요.

영국 블레츨리 파크의 수학자들이 '봄브(Bombe)'라 불리는 계산기를 사용하여 독일군의 비밀 정보를 해독했어요.

이거 알아요?

에니그마 기계

독일군은 에니그마 기계의 설정을 매일 바꿨어요. 그래서 연합군의 암호 해독가들은 비밀 정보를 해독하는 데 시간이 촉박했지요.

이거 알아요?

풀리지 않는 수수께끼

미국 중앙 정보국(CIA) 본부 마당에는 미국인 조각가 짐 샌본이 만든 조각품 「크립토스」가 세워져 있어요. 「크립토스」에는 그리스어로 '숨겨진'을 뜻하는 이름처럼 샌본이 설계한 암호문이 새겨져 있어요. 1990년에 공개된 이후 지금까지 아마추어 암호 해독가들뿐 아니라 미국 중앙 정보국의 전문가들조차도 샌본의 암호를 완전히 다 풀지는 못했어요!

디지털 보안

오늘날 암호는 온라인상의 보안에 매우 중요해요. 암호를 만드는 사람들은 끊임없이 점점 더 복잡한 암호를 개발해서 사람들의 개인 정보를 해커들로부터 보호하지요.

1974년 현재

신호를 보내는 외계인

푸에르토리코에 있는 아레시보 천문대에서 과학자들이 우리 은하의 가장자리에 있는 성단 M13으로 전파로 메시지를 보냈어요. 이 메시지가 성단 M13에 도달하려면 거의 2만 5,000년이 걸리고, 다시 되돌아오는 데에도 또 그만큼의 시간이 걸릴 거예요. 메시지는 이진 부호(글자나 숫자를 1과 0을 써서 나타내는 방법)로 작성되어 있어요. 이진 부호는 주로 흑백으로 표현돼요.

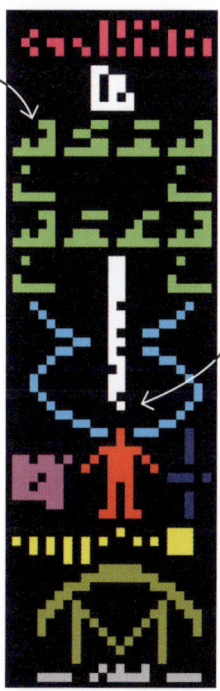

아레시보 메시지를 그림으로 나타내면 이렇게 생겼어요.

메시지에는 지구의 위치를 표시한 태양계 지도와 인간의 DNA에 관한 정보가 들어 있어요.

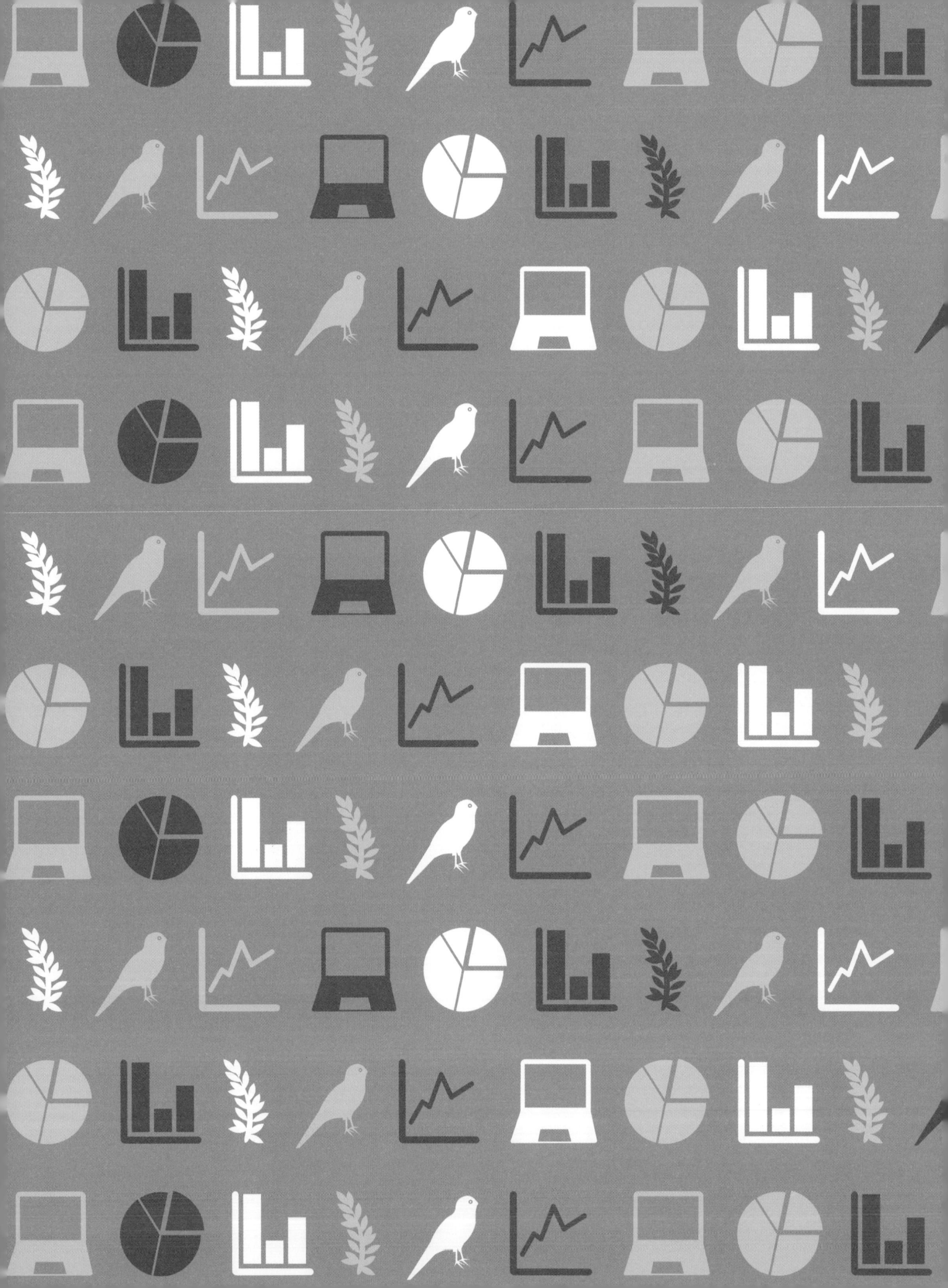

도대체 자료와 통계가 뭔데?

우리는 정보의 시대에 살고 있어요. 역사상 어느 때보다도 많은 양의 자료와 통계가 우리를 둘러싸고 있지요. 수학자들은 정보를 수집하고, 해석하고, 그 결과를 우리가 이해할 수 있도록 효과적으로 나타낼 방법들을 개발해 왔어요. 수학은 근삿값을 빠르게 구하는 방법들부터 자료를 상세히 분석할 수 있는 공식들까지, 다양한 방법으로 우리 자신과 주변 세상을 이해하는 데 사용돼요.

어림셈으로 사람들을 놀라게 하는 법

간혹 그 자리에서 바로 수학 계산을 정확히 할 수 없을 때가 있어요. 그런 경우에 수학자들은 종종 어림하여 계산하지요. 어림셈을 하면 대략적인 값이 무엇인지 어느 정도 타당하게 구할 수 있어요. 계산이 불가능해 보이는 문제와 부딪혔던 고대 인도의 어느 왕은 어림셈으로 실제 해답에 가까운 값을 유추해 낼 수 있다는 사실을 알게 되었어요.

1 고대 인도의 전설에 따르면, 뛰어난 수학자였던 리투파르나 왕이 어느 날 옆에 있던 친구에게 나무 한 그루를 가리키며 저 나무에 달린 나뭇잎이 모두 몇 개인지 안다고 으스대며 말했어요.

2 왕의 말을 믿을 수 없었던 친구는 나무를 잘라 실제로 나뭇잎 수를 세어 보았어요. 왕이 말한 나뭇잎 수와 거의 같았지요! 왕은 어떻게 나뭇잎 수를 알아맞힐 수 있었을까요?

계산해 보세요!
수의 근사와 어림셈

리투파르나 왕은 나무에 달린 모든 잎들을 일일이 세지 않았어요. 대신에 어림셈을 하였지요. 왕은 먼저 잔가지 몇 개를 골라 거기에 붙어 있는 나뭇잎 수를 각각 세었어요. 왕이 고른 대부분의 잔가지들에는 나뭇잎이 대략 20개씩 있었어요.

나뭇잎 19개　　**나뭇잎 20개**　　**나뭇잎 21개**

그러고 나서 왕은 큰 가지에서 뻗어 나온 잔가지들이 몇 개인지 알아봤어요. 왕이 세어 보니 큰 가지들에는 각각 잔가지가 네 개에서 여섯 개 정도 붙어 있었어요. 그래서 왕은 대부분의 큰 가지에는 잔가지들이 대략 다섯 개씩 붙어 있을 거라고 짐작했어요.

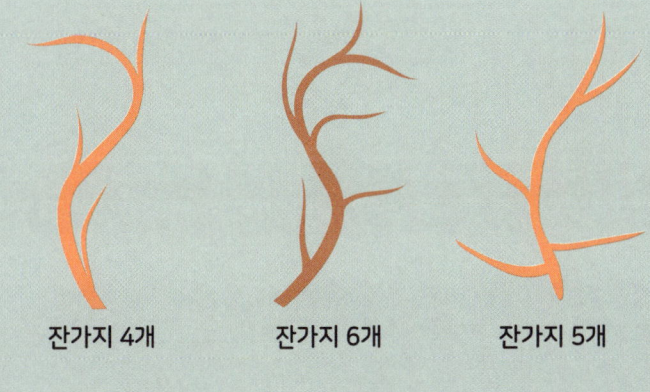

잔가지 4개　　**잔가지 6개**　　**잔가지 5개**

나뭇잎 20개 × 잔가지 5개
× 큰 가지 10개
= 나뭇잎 1000개

마지막으로, 왕은 큰 가지의 수를 세었어요. 큰 가지는 그리 많지 않았기 때문에 어림으로 추측하지 않고 정확히 수를 세었어요. 왕이 세어 보니 나무에는 총 10개의 큰 가지가 있었지요. 따라서 모두 곱하여 이 나무의 나뭇잎 수가 약 1,000개라는 사실을 알아냈어요.

반올림

반올림이란 계산을 쉽게 하기 위하여 수를 원래의 수와 근사한 근삿값으로 바꾸는 것을 말해요. 예를 들어, 길이가 18센티미터보다는 길고 19센티미터보다는 짧은 어떤 물건이 있다고 해 봐요. 자로 재니 정확히 18.7센티미터이지만 계산을 간단히 하기 위해 대략 19센티미터라고 근사할 수 있어요.

18.4 이하라면 소수점 아래를 버리고 18로 계산해요.

18.5 이상이라면 소수점 윗자리에 1을 더하여 19로 계산해요.

유효숫자	근삿값
4	1171
3	1170
2	1200
1	1000

유효숫자

정수로 반올림할 때 수학자들은 얼마나 정확하게 근사할 것인지 결정해요. 올림이나 버림을 어느 정도까지 할지 나타내는 수를 '유효숫자'라고 해요. 즉, 반올림을 정수 전체에서 할 것인지, 10의 자리에서 할 것인지, 100의 자리에서 할 것인지 등을 나타내요. 예를 들어 1,171이라는 수를 반올림한다고 생각해 보세요. 만약 유효숫자가 4이면 이 값은 그대로 1,171이고, 유효숫자가 3이면 버림하여 1,170이 되고, 유효숫자가 2이면 올림하여 1,200이고, 그리고 유효숫자가 1이면 버림하여 1,000이 돼요.

소수점 이하 자릿수	근삿값
3	8.152
2	8.15
1	8.2
0	8

소수점 자리

소수점이 있는 수도 반올림을 하여 근사를 할 수 있어요. 이렇게 하면 길이나 무게, 온도와 같은 양을 잴 때 편리해요. 소수는 주로 소수점 이하 두 자릿수에서 반올림을 해요.

어림셈 하기

계산기 없이 숫자들의 합을 빨리 계산해야 할 때 어림셈은 상당히 도움이 돼요. 반올림을 해서 근삿값을 만들면 계산을 쉽게 할 수 있고, 이렇게 얻어진 값은 실제로 정확히 계산한 값과 거의 비슷해요.

이거 알아요?

단어 수 어림하기

혹시 여러분이 읽는 책에 단어가 몇 개나 있는지 궁금해한 적이 있나요? 한 페이지에 있는 단어 수를 세고, 거기에 책의 총 페이지 수를 곱하면 대략 알아낼 수 있어요.

암산으로 계산하기에 조금 어려워요.

168 + 743 = 911
170 + 740 = 910
200 + 700 = 900

반올림하면 168이 170으로, 743은 740으로 근사가 되어 계산이 조금 쉬워졌어요.

200과 700을 더하는 계산은 암산으로 쉽게 할 수 있어요. 이렇게 얻은 답 900은 정확히 계산한 실제 값 911과 비슷하지요.

한번 해 볼까요?
물건 값 빠르게 계산하기

가게에서 물건을 여러 개 살 때, 물건 값이 전부 얼마인지를 알고 싶다면 반올림을 해 봐요. 값을 1000의 자리에서 반올림하여 숫자들을 간단하게 만든 후에 모두 더해요. 그러면 자전거는 16만 원, 자전거 보조등은 2만 원, 자전거 헬멧은 5만 원이에요. 모두 다 더하면 대략 23만 원이 돼요. 정확한 합계 값은 22만 9,790원이에요.

다음에 물건을 살 때 물건 값들을 근사해서 더한 후 이렇게 얻어진 값을 실제 값과 비교해 보세요.

159,900원

17,790원

52,100원

현실 속 수학

사람 수 세기

군중 속에 있는 사람들이 모두 몇 명인지 어림해서 구하기 위해 수학자들은 '제이콥의 방법'을 사용해요. 군중을 몇 개의 구역으로 나누고, 한 구역 안에 있는 사람들의 수를 세요. 그러고 나서 한 구역의 사람 수에 구역의 개수를 곱하면 돼요.

속임수를 찾아내는 법

19세기 프랑스의 수학자 앙리 푸앵카레는 신선한 빵을 사기 위해 매일 동네 빵집에 들렀어요. 빵 한 덩어리의 무게는 1킬로그램이어야 했는데, 푸앵카레는 빵집 주인이 손님들을 속이고 1킬로그램에 못 미치는 빵을 팔고 있다는 의심을 품게 되었어요. 그래서 푸앵카레가 직접 조사해서 확인해 보기로 했어요. 푸앵카레는 빵의 평균 무게, 즉 빵 한 덩어리의 무게가 보통 얼마인지를 알아봤고, 빵집 주인이 손님들을 속여 왔다는 사실을 밝혀냈어요.

1 푸앵카레는 빵집에서 파는 빵들이 실제로는 빵집 주인이 말한 것만큼 무게가 나가지 않는다고 확신하였어요. 이를 증명하기 위해 증거를 모으기로 했어요.

2 1년 동안 푸앵카레는 날마다 빵집에서 빵을 사서 무게를 재고 도표에 표시하였어요. 시간이 갈수록 푸앵카레는 자기 생각이 맞았다는 확신이 생기기 시작했어요.

3 1년이 지난 후, 푸앵카레는 매일 사 먹던 빵 한 덩어리의 평균 무게가 950그램이었다는 것을 알게 되었어요. 평균적으로 50그램이 부족했던 거예요. 푸앵카레가 경찰에 신고하였고, 빵집 주인은 벌금을 물게 되었어요.

계산해 보세요!
대푯값

빵집 주인의 속임수를 알아내기 위해 푸앵카레는 자기가 산 빵들의 무게를 대표할 값을 구했어요. 대푯값에는 평균값, 중앙값, 최빈값, 이렇게 세 종류가 있는데 푸앵카레는 평균값을 이용했어요. 평균을 구하려면 우선 빵들 각각의 무게의 총 합을 알아야 해요. 여기 보듯이, 푸앵카레가 일주일 동안 샀던 빵 일곱 개의 무게는 각각 다음과 같아요.

950 g + 955 g
+ 915 g + 960 g
+ 1005 g + 850 g
+ 1015 g = 6650 g

그러고 나서, 푸앵카레는 빵 무게의 합을 빵의 총 개수로 나누었어요.

$$\frac{6650\,g}{7} = 950\,g$$

이렇게 해서 일주일 동안 푸앵카레가 산 빵들의 평균 무게가 950그램이란 사실을 알 수 있었어요. 가끔은 1킬로그램보다 더 나가는 빵도 있었지만, 평균적인 빵의 무게는 빵집 주인이 말했던 1킬로그램보다는 적어요.

무게 분포를 도표로 나타내기

푸앵카레는 1년간 기록한 빵들의 무게와 무게별 수량을 도표로 그려서 경찰에 증거로 제출하였어요. 이 도표는 가장 흔한 빵 무게가 약 950그램이라는 것을 보여 줘요.

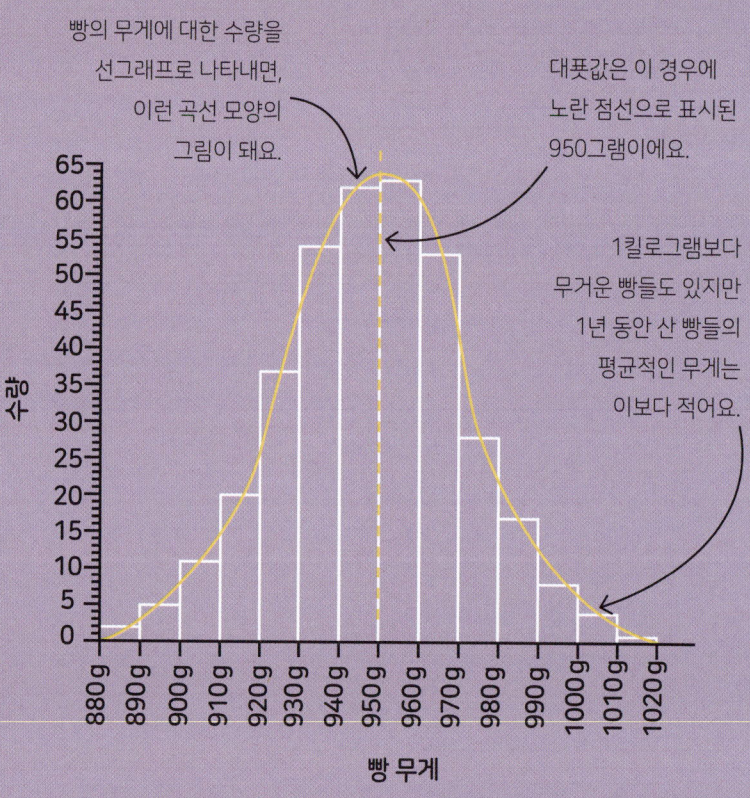

빵의 무게에 대한 수량을 선그래프로 나타내면, 이런 곡선 모양의 그림이 돼요.

대푯값은 이 경우에 노란 점선으로 표시된 950그램이에요.

1킬로그램보다 무거운 빵들도 있지만 1년 동안 산 빵들의 평균적인 무게는 이보다 적어요.

중앙값

대푯값을 구하는 다른 방법은 중앙값을 이용하는 것이에요. 중앙값을 찾으려면 숫자들을 크기 순서대로 나열해야 해요. 이때 정 가운데에 있는 값이 바로 중앙값이에요. 어떤 수들의 집합에서 만약 하나의 값이 다른 값들보다 아주 크거나 작다면 중앙값을 대푯값으로 정하는 것이 가장 좋아요. 왜냐하면, 다른 수들과 크게 다른 비정상적인 수는 평균값을 제대로 나타낼 수 없게 만들기 때문이에요. 만약 빵 일곱 개의 평균 무게를 알고 싶은데, 빵 한 개가 다른 빵들에 비해 아주 무겁다면 모든 빵들 무게의 평균값은 무거운 빵을 뺀 다른 빵들의 평균 무게 값보다 훨씬 커지겠지요.

이 빵은 다른 빵들보다 훨씬 무거워요. 다른 빵들과 너무 달라요.

850g 920g 950g 955g 960g 1005g 1500g

중앙값은 순서대로 나열한 값들의 정중앙에 위치한 값이에요. 이 경우는 955그램이에요.

이 일곱 개의 빵들의 평균 무게는 1020그램이에요. 이 값은 나머지 여섯 개의 빵들 무게보다 커요.

최빈값

수학자들이 쓰는 또 다른 종류의 대푯값은 최빈값이에요. 최빈값은 자료에서 가장 자주 나오는 값을 말해요. 최빈값이 평균값이나 중앙값보다 더 유용할 때가 있어요. 예를 들어 사람들이 좋아하는 케이크가 어떤 것인지 알고 싶을 때와 같은 경우처럼요.

초콜릿 케이크	7
딸기 케이크	6
레몬 케이크	3

초콜릿 케이크가 다른 케이크보다 더 많이 팔렸어요. 즉, 최빈값이에요.

군중의 지혜

한 무리의 사람들에게 이 병 안에 사탕이 몇 개 들어 있는지 물어본다면 그 대답들의 중앙값이 아마 실제 사탕 수와 꽤 비슷할 거예요. 몇 사람이 터무니없이 작은 수나 큰 수를 말한다면 그 값에 영향을 받아 평균값이 한쪽으로 치우치게 되기 때문에, 이러한 경우에는 대푯값으로 중앙값을 구하는 것이 가장 적절해요.

한번 해 볼까요?
키의 대푯값 찾기

교실에 있는 학생들의 키를 대표할 수 있는 값이 얼마인지 알아보려고 해요. 가장 흔한 방법은 모든 학생들의 키를 더한 후, 그 값을 학생수로 나누어 평균값을 구하는 것이에요. 예를 들면 이런 식이에요.

$$150\,cm + 142\,cm + 160\,cm$$
$$+ 155\,cm + 137\,cm + 140\,cm$$
$$+ 155\,cm + 152\,cm + 155\,cm$$
$$+ 170\,cm + 145\,cm = 1661\,cm$$

$$\frac{1661\,cm}{11} = 151\,cm$$

위의 키 측정 자료에서 중앙값과 최빈값을 구해 볼까요? 그리고 여러분의 반 친구들 키의 평균값, 중앙값, 최빈값도 구해 보세요.

평균값, 중앙값, 최빈값 중 무엇이 대푯값으로 가장 유용할까요? 그리고 가장 유용하지 않은 대푯값은 무엇일까요?

인구수를 어림셈으로 구하는 법

한 나라의 인구수가 얼마인지 알아보려고 할 때 사람들을 한 명 한 명 일일이 다 셀 수는 없는 노릇이에요. 그럼 어떻게 해야 할까요? 프랑스 수학자 피에르 시몽 라플라스는 1783년에 프랑스의 인구수를 정확하게 추정할 수 있는 방법은 없는지 골똘히 생각했어요. 그러다가 논리적으로 타당하고, 놀랍게도 간단한 셈으로 구할 수 있는 번뜩이는 해결 방법이 떠올랐어요.

1 1783년, 라플라스는 조국 프랑스의 인구가 몇 명인지 추산해 보기로 했어요.

계산해 보세요!
표본 자료 수집

라플라스는 태어나는 신생아 한 명당 성인이 몇 명인지 알면 나라 전체의 인구수를 추산할 수 있을 것이라 생각했어요. 대부분의 도시에서는 총 시민 수를 기록하지는 않았지만 기록이 있는 몇몇 도시들의 자료를 모아 계산해 보았어요.

이렇게 두 수 사이의 관계를 '비(ratio)'라고 부르고 콜론(:)을 사용하여 두 수를 구분 지어요.

신생아 1명 : 어른 28명

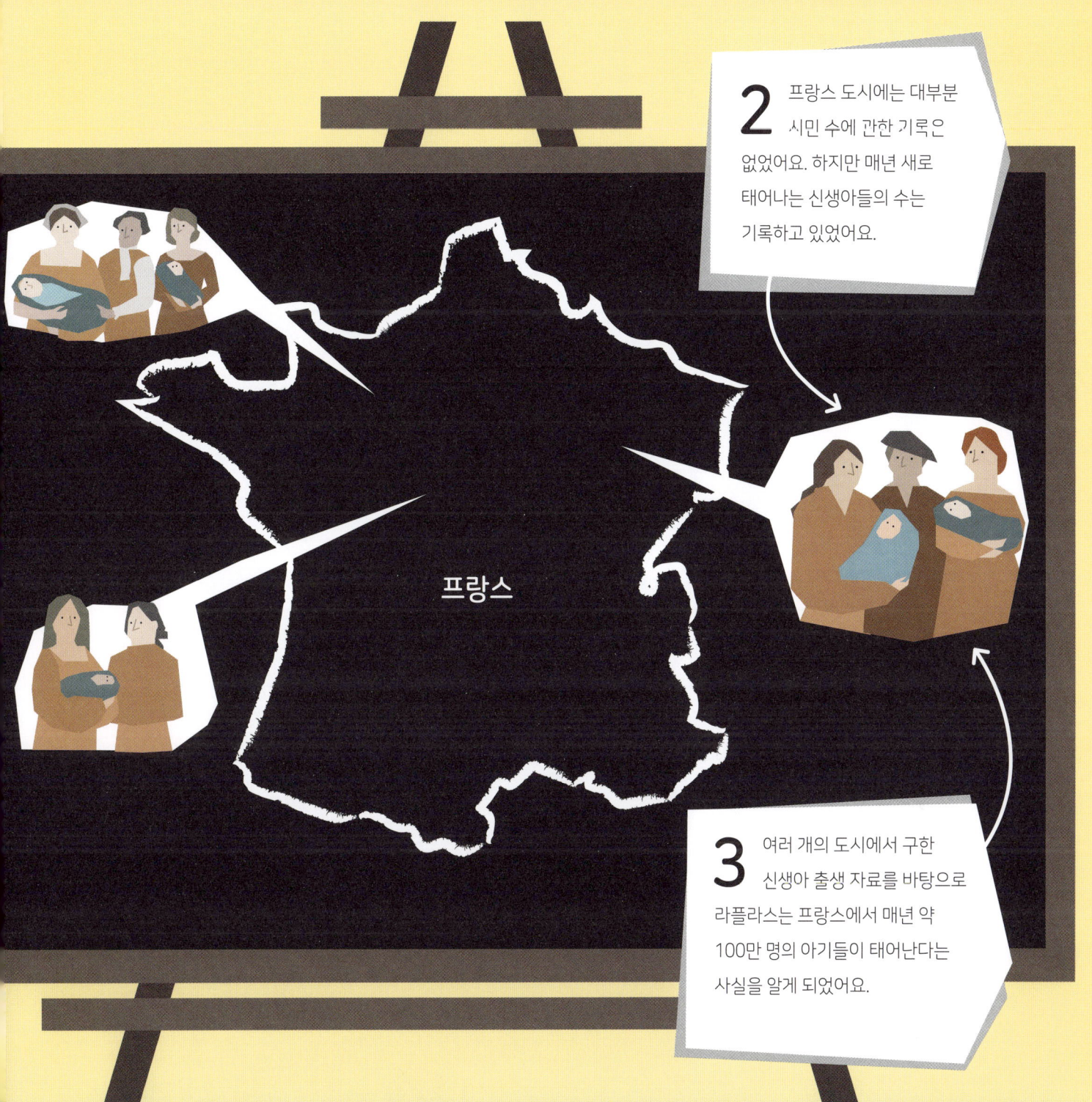

2 프랑스 도시에는 대부분 시민 수에 관한 기록은 없었어요. 하지만 매년 새로 태어나는 신생아들의 수는 기록하고 있었어요.

3 여러 개의 도시에서 구한 신생아 출생 자료를 바탕으로 라플라스는 프랑스에서 매년 약 100만 명의 아기들이 태어난다는 사실을 알게 되었어요.

라플라스는 평균적으로 신생아 한 명이 태어날 때 프랑스에 살고 있는 성인의 수가 28명이라는 것을 알아냈어요. (즉, 성인이 52명이라면 신생아는 두 명이 있는 식이에요.) 이제 라플라스는 28에 100만(프랑스에서 매년 태어나는 신생아의 대략적인 수)을 곱하기만 하면 프랑스의 총 인구 수를 계산할 수 있었어요. 이렇게 인구수를 어림하여 계산하는 방법을 '포획 재포획법'이라고 해요.

28 × 1,000,000
= 28,000,000

동물 개체 수 추정하기

라플라스의 방법은 동물의 개체 수를 알아내는 데에도 이용할 수 있어요. 예를 들어 숲속에 새가 몇 마리 살고 있는지 알아내려는 경우를 생각해 보세요. 우선 새 몇 마리를 잡아 각각 다리에 꼬리표를 붙여요. 이 새들이 첫 번째 표본이에요. 첫 번째 표본이 된 새들을 풀어 주고 얼마 지나면 또 새들을 몇 마리 잡아요. 이번에 잡은 새들은 두 번째 표본이에요. 두 번째 표본 새들 중 몇 마리에는 첫 번째 표본에 붙여 놓았던 꼬리표가 있을 거예요.

두 번째로 잡은 열 마리 중 네 마리가 첫 번째 표본에서 붙여 놓았던 꼬리표를 달고 있어요.

첫 번째 표본: 새 8마리

두 번째 표본: 새 10마리 (꼬리표가 붙어 있는 새 4마리)

각각의 새들은 꼬리표를 달고 풀려난 뒤 새들의 전체 무리에 섞이게 돼요.

두 번째 표본은 총 열 마리이고, 그중 네 마리에 꼬리표가 붙어 있어요. 꼬리표가 달린 새와 두 번째 표본 총수의 비는 4:10으로, 간단히 정리하면 1:2.5예요.
첫 번째 표본은 새가 모두 여덟 마리였어요. 두 번째 표본에서 구한 꼬리표가 달린 새와 그렇지 않은 새의 비(1:2.5)는 숲에 있는 전체 개체 수에 대해서도 변하지 않을 거예요. 그렇다면 8과 2.5를 곱해서 나온 값 20이 바로 숲에 사는 새의 모든 개체 수를 어림하여 계산한 근삿값이에요.

8 × 2.5 = 새 20마리

현실 속 수학

야생 호랑이

과학자들은 포획 재포획법을 사용하여 호랑이와 같은 멸종 위기에 있는 생물의 개체 수를 알아내요. 숲길에 카메라를 보이지 않게 설치해 놓고 지나가는 호랑이 사진을 찍는데, 과학자들이 호랑이의 독특한 줄무늬 모양을 기준으로 호랑이를 구별해 내요. 같은 호랑이를 여러 번 세지 않으려고요.

근삿값의 정확도 높이기

좀 더 정확한 값을 구하기 위해서 새를 붙잡아 꼬리표를 세는 과정을 여러 번 반복해요. 이렇게 나온 결과들의 평균을 구하면 좀 더 안정적인 근삿값을 구할 수 있어요.

	포획된 수	꼬리표가 있는 새의 수	개체 수 근삿값
첫 번째 재포획	10	4	20
두 번째 재포획	12	6	16
세 번째 재포획	9	4	18

$$\text{평균 근삿값} = \frac{20 + 16 + 18}{3} = \text{새 18마리}$$

표본을 재포획한 횟수

앞에서는 새의 개체 수가 20마리라고 했는데, 이제 그보다 적지만 더 정확한 값을 얻었어요.

한번 해 볼까요?
개수를 헤아리는 법

뚜껑이 있는 큰 유리병에 작은 빨간색 구슬을 가득 채우세요(구슬이 몇 개인지 알 수 없어요!).

유리병에서 빨간 구슬 40개를 꺼내고 대신 파란색 구슬 40개를 넣으세요. 병뚜껑을 덮고 유리병을 잘 흔들어 줘요.

그다음에 눈가리개를 쓰고 유리병에서 구슬 50개를 꺼내요. 구슬은 하나씩 세어서 그릇에 담아요.

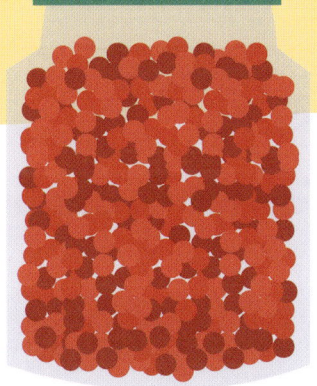

이제 눈가리개를 벗고 그릇에 담긴 파란 구슬이 몇 개인지 세어 봐요. 구슬 50개 중에 파란 구슬은 4개예요.

유리병에 구슬이 모두 몇 개가 있는지 추정할 수 있나요? 옆의 방법처럼 비를 구해서 구슬 전체 개수를 알아맞혀 보아요.

자료로 세상을 변화시키는 법

1853년부터 1856년까지 영국, 프랑스, 사르데냐, 오스만 제국은 러시아 제국을 상대로 전쟁을 했어요. 흑해 연안의 크림반도에서 벌어진 이 전쟁에서 수만 명의 병사들이 죽었어요. 장군들은 크림반도에서 숨진 병사들은 대부분이 전투 중에 당한 부상 때문에 죽은 거라고 생각했어요. 하지만 영국군 간호사였던 플로렌스 나이팅게일의 생각은 달랐어요. 나이팅게일은 병사들이 죽은 이유가 실제로는 군 병원의 지저분하고 쥐와 벼룩에 오염된 환경 때문이라고 생각했고, 자료를 이용해서 사실로 밝혀냈어요.

1 1853년과 1854년, 크림반도의 전쟁터에서 가까운 여러 군 병원에서 수많은 병사들이 죽어 갔어요.

2 나이팅게일을 비롯한 간호사들이 1854년 크림반도에 도착했어요. 나이팅게일은 부상당한 병사들을 치료할 뿐 아니라, 각 병사들이 사망하는 이유를 기록하기 시작했어요.

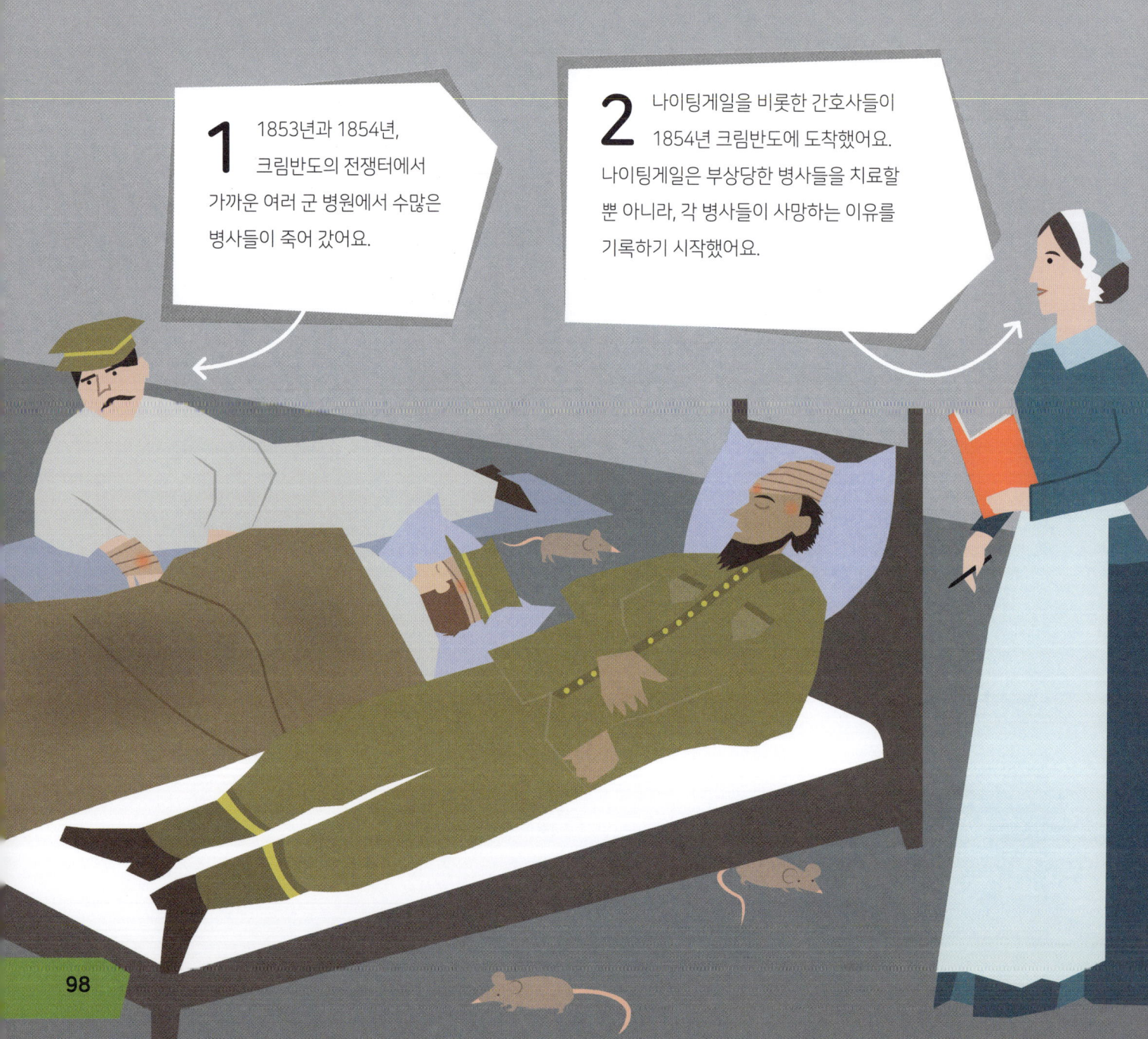

계산해 보세요!
자료 나타내기

나이팅게일은 알아낸 자료를 숫자표로 만드는 대신 오늘날 쓰이는 파이 도표와 비슷한 모양의 원그래프로 나타냈어요. 나이팅게일의 장미 도표라고 알려진 이 원형 도표는 군 병원에서 병사들이 사망한 주된 이유가 전쟁에서 입은 부상 때문이라기보다는, 병원의 환경이 좋았다면 병사들의 죽음을 막을 수 있었다는 사실을 보여 줬어요. 간단하지만 설득력 있는 나이팅게일의 도표는 큰 주목을 받았고, 여러 신문에 실려서 많은 사람들이 볼 수 있게 되었어요. 수학자가 아니어도 자료를 쉽게 이해할 수 있도록 만든 덕분에 나이팅게일은 장군들을 설득하여 군 병원의 환경을 개선하는 데 예산을 쓸 수 있었지요.

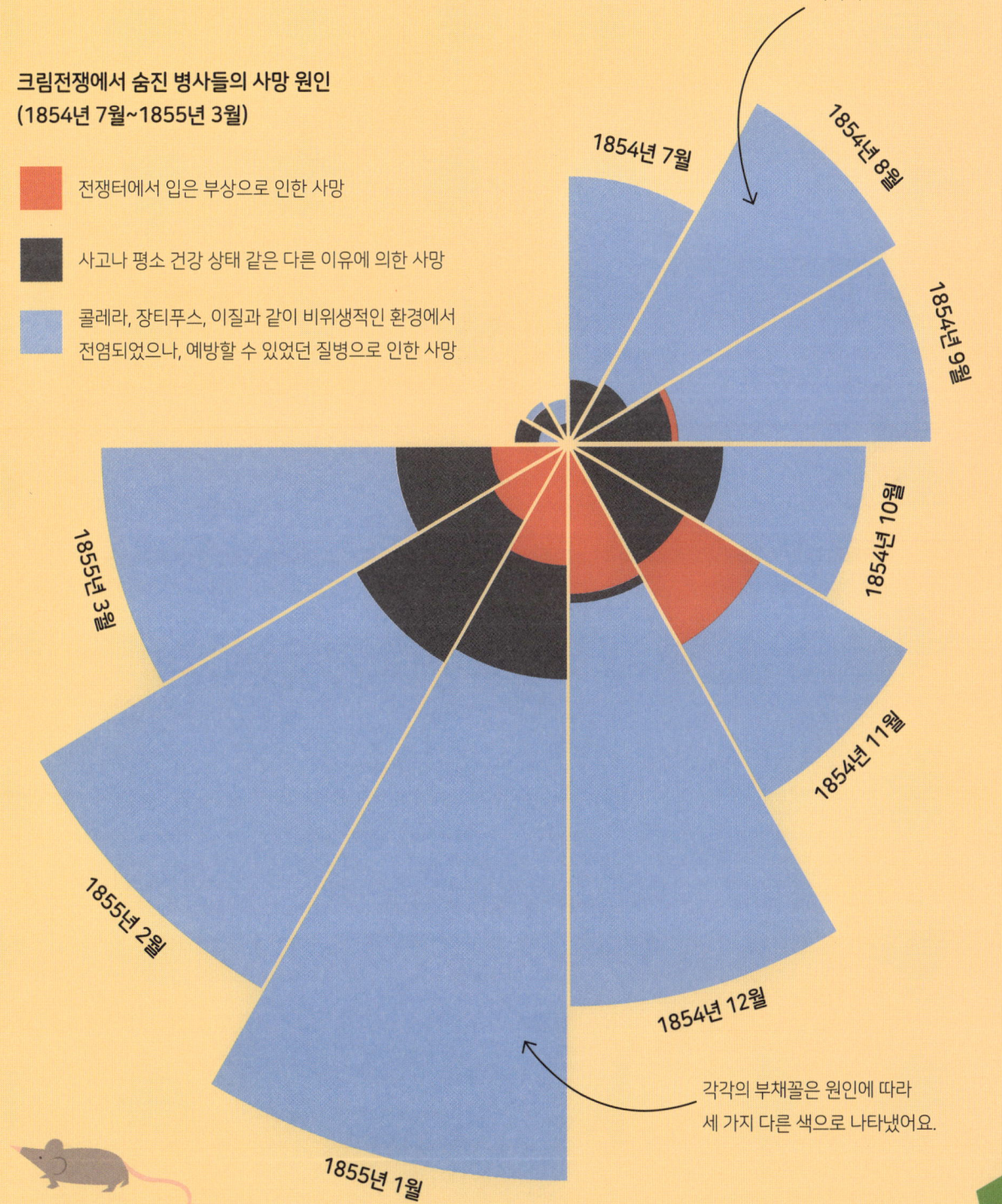

각 부채꼴은 한 달을 나타내고, 부채꼴의 크기는 그 달에 사망한 병사의 수를 나타내요.

크림전쟁에서 숨진 병사들의 사망 원인
(1854년 7월~1855년 3월)

- 전쟁터에서 입은 부상으로 인한 사망
- 사고나 평소 건강 상태 같은 다른 이유에 의한 사망
- 콜레라, 장티푸스, 이질과 같이 비위생적인 환경에서 전염되었으나, 예방할 수 있었던 질병으로 인한 사망

각각의 부채꼴은 원인에 따라 세 가지 다른 색으로 나타냈어요.

사실을 나타내기

19세기에 자료를 사용하여 사회 전반에 개혁의 바람을 일으킨 사람은 플로렌스 나이팅게일만이 아니었어요. 영국의 의사 존 스노와 프랑스의 공학자 샤를 조제프 미나드 역시 자료를 시각적으로 생생하게 보여 줌으로써 사회 개혁의 필요성을 강력하게 주장할 수 있었어요.

콜레라의 치료

1854년, 전염병인 콜레라가 영국 런던의 소호 지역에 창궐하여 수백 명이 죽었어요. 그 당시에 사람들은 콜레라가 악취를 타고 퍼져 나간다고 생각했어요. 하지만 의사인 존 스노는 콜레라가 생기는 원인이 더러운 물 때문이라는 사실을 밝혀냈어요. 스노는 사망자가 발생한 위치를 지도에 표시해서 죽은 사람들이 모두 같은 오염된 수도 펌프를 사용했다는 것을 알려 줬어요. 존 스노의 지도는 나중에 콜레라가 다시 유행하는 일을 막으려면 상수도 공급 시설의 위생 상태를 개선하는 것이 가장 좋은 방법이라는 사실을 밝혀냈어요.

빨간 사각형은 콜레라 발생 지역을 나타내요. 사각형이 클수록 더 많은 수의 사람들이 콜레라에 감염되었다는 것을 뜻해요.

오염된 수도 시설이 있는 곳

전사자들의 수 추적하기

1869년 프랑스에서는 사람들 사이에서 최근 프랑스가 참전한 전쟁에서 별로 이긴 적이 없다는 불평 섞인 이야기들이 오가고 있었어요. 이에 충격을 받은 프랑스의 공학자 샤를 조제프 미나드는 나라 간의 상반된 이해관계 때문에 일어난 전쟁에서 얼마나 많은 사람들이 죽고, 전쟁이 얼마나 끔찍한 일인지를 사람들에게 상기시켜 주고 싶었어요. 미나드는 1812년 나폴레옹의 러시아 침공 작전으로 엄청나게 많은 수의 프랑스 군인들이 전사했다는 사실을 '흐름 지도'라는 도표로 나타냈어요. 비록 전쟁은 그 뒤로도 계속됐지만, 미나드의 흐름 지도는 많은 양의 정보를 효과적으로 담아낸 덕분에 두고두고 좋은 평가를 받고 있어요.

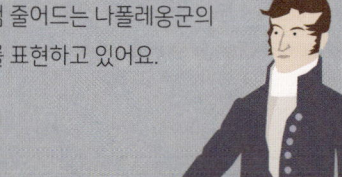

겨울이 닥치고 러시아군의 병력이 증강되자 프랑스군은 후퇴하기로 결정했어요.

점점 가늘어지는 빨간선은 나폴레옹의 프랑스군이 러시아군에 의해 제압되고 줄어드는 것을 나타내요.

● 모스크바

후퇴 시작

점점 가늘어지는 회색선은 후퇴하는 과정에서 질병과 굶주림, 동상 때문에 군인들이 전사하여 점점 줄어드는 나폴레옹군의 수를 표현하고 있어요.

프랑스군이 니멘강 근처에서 출발할 때, 프랑스군의 수는 40만 명 이상이었어요.

진격 시작

니멘강

약 5개월 반이 지난 뒤 겨우 1만 명의 군인들만 살아서 니멘강으로 돌아왔어요.

그래프의 종류

그래프와 도표는 우리가 자료를 쉽게 읽고 이해할 수 있도록 시각적으로 나타내는 것을 말해요. 이로 인해, 자료를 분석하고 규칙을 찾거나 결론을 이끌어 내는 것이 쉬워지지요. 그래프를 효과적으로 사용하려면 보여 주고자 하는 정보에 가장 알맞은 종류를 고르는 것이 무엇보다 중요해요.

이거 알아요?

윌리엄 플레이페어

1700년대 후반, 스코틀랜드의 엔지니어이자 비밀 정보 요원이었던 윌리엄 플레이페어가 막대그래프와 선 그래프를 고안해 냈어요. 그는 정보를 설명할 때 숫자로 된 표로 나타내기보다 다양한 색의 그림으로 나타내면 좀 더 효과적이라고 주장했어요.

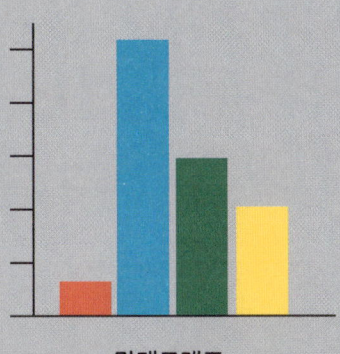

막대그래프
흔히 볼 수 있는 이 도표는 수량을 서로 비교하기가 좋아요.

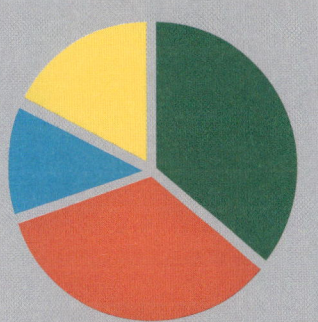

원그래프(파이 도표)
원을 파이 조각처럼 나누어 그리는 도표예요. 원은 자료 전체를 나타내고, 각각의 조각은 자료의 비율을 나타내요.

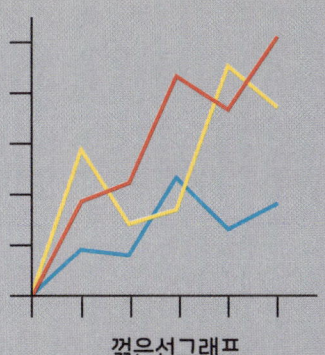

꺾은선그래프
시간에 따라 변하는 자료를 선으로 나타내어 변화의 경향성을 알아보기 쉽게 해 줘요.

한번 해 볼까요?
부모님을 설득할 수 있는 법

한 학생이 주말에 친구네 집에서 자고 오기 위해 부모님의 허락을 받으려고 하는 중이에요. 부모님을 설득하려면 그동안 텔레비전을 보거나 비디오 게임을 하는 것보다 숙제하고 집안일 돕기를 더 열심히 했다는 증거를 보여 주어야만 해요. 지난 월요일부터 금요일까지 여가 시간은 20시간이었고, 집안일을 돕는 데에 5시간, 숙제를 하는 데에 10시간, 텔레비전을 보는 데에 2시간 30분, 비디오 게임을 하는 데 2시간 30분을 썼어요. 학생은 여가 시간 자료를 원그래프로 나타냈어요.

자, 이제 여러분도 지난 5일간 얼마나 열심히 생활했는지를 원그래프로 그려서 부모님께 보여 드려 보세요.

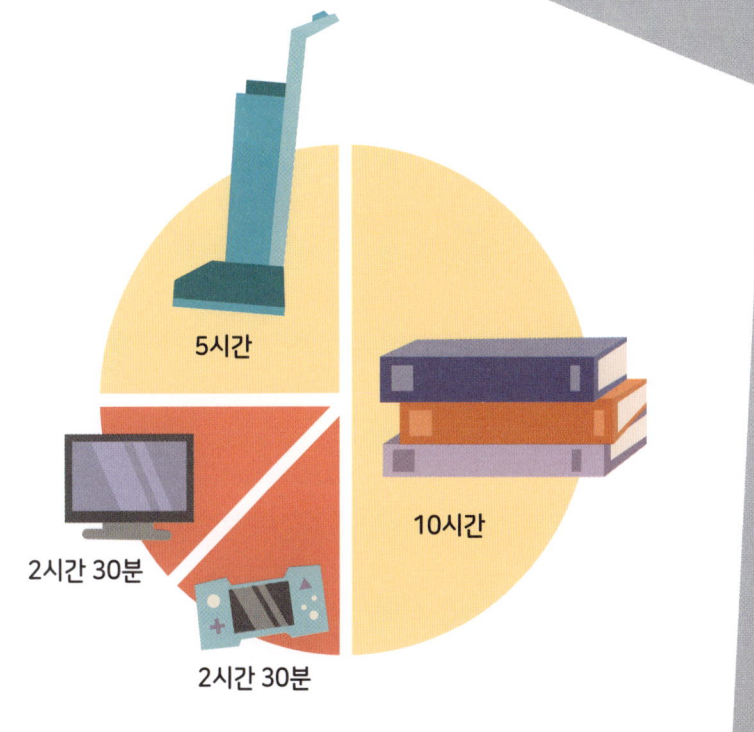

큰 수들을 계산하는 법

인류의 역사를 살펴보면 사람들은 아주 큰 수나 아주 작은 수를 다루는 데 애를 많이 먹었어요. 겨우 열 개의 손가락(숫자)만으로 어려운 계산을 하는 것은 지능을 시험하는 것과 같았지요. 그래서 간단한 주판에서부터 명령어를 저장하고 자동으로 작동할 수 있는 오늘날 우리가 컴퓨터라고 부르는 복잡한 기기에 이르기까지 다양한 종류의 계산기가 발명될 수 있었어요.

주판

최초의 주판은 고대 수메르(오늘날의 이라크 남부) 지역에서 쓰였던 것으로 우리가 요즘 생각하는 어린이 장난감과는 모양이 많이 달랐어요. 그것은 진흙판에 다섯 개의 열이 있고, 각 열에는 크기가 다른 수를 놓도록 되어 있었어요. 진흙으로 만든 숫자 칩은 각 숫자의 크기에 맞는 열에 올려놓아 덧셈과 뺄셈을 할 수 있도록 했지요.

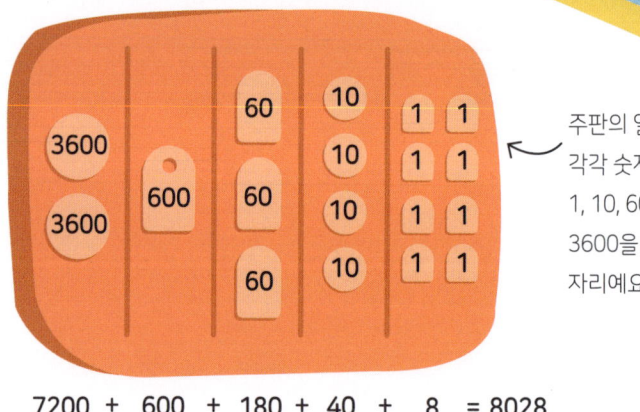

주판의 열은 각각 숫자 칩 1, 10, 60, 600, 3600을 올려놓는 자리예요.

7200 + 600 + 180 + 40 + 8 = 8028

기원전 2700년경

기원전 200년경

기원전 100년경

항해 길잡이

아스트롤라베의 회전하는 원판이 계산에 이용되었어요.

아스트롤라베는 항해사와 천문학자들이 하늘의 별과 태양의 위치를 재어 위도와 같은 것을 측정할 수 있도록 해 주던 고대의 기구예요. 이슬람의 발명가들이 여기에 새로운 눈금판과 원판 등을 더해 점점 더 정교한 계산을 할 수 있도록 발전시켰어요.

톱니바퀴 계산기

1901년 그리스의 안티키테라섬 근해에서 2000년 된 오래된 난파선이 발견되었어요. 난파선 안에서 청동 톱니바퀴로 된 기계식 장치가 발견되었지요. 안티키테라 기계는 어느 지정된 날짜에 하늘에서의 행성과 별의 위치를 예측할 수 있도록 복잡한 계산을 해 주는 것이었어요. 지금까지 알려진 최초의 컴퓨터라고 할 수 있어요.

기계는 해저에 2000년 넘게 가라앉아 있던 터여서 발견된 당시에 매우 훼손되고 부식된 상태였어요.

네이피어의 뼈

스코틀랜드의 학자 존 네이피어는 까다로운 곱셈과 나눗셈을 쉽게 할 수 있는 막대 장치를 개발했어요. 각각의 막대기는 숫자들이 적힌 열을 이루고, 다른 막대기들과 함께 격자 형태를 이루어요. 그리고 각각의 막대기를 움직여서 계산을 했어요. 네이피어가 처음에 뼈로 만들었다고 해서 '네이피어의 뼈'라고 불려요.

각각의 막대기는 네 면으로 되어 있고, 돌려가며 사용할 수 있었어요.

아래의 톱니바퀴를 돌리면 이 줄에 숫자가 나타나요. 계산 중에 한 숫자판이 9를 넘어가게 되면 그 왼쪽 칸에 1이 추가돼요.

세금 정산

프랑스에서 당시 18세였던 블레즈 파스칼은 세무서 직원인 아버지를 돕기 위해 최초의 연산 기계를 만들었어요. 톱니바퀴와 숫자가 적힌 회전판들로 이루어진 파스칼의 계산기는 오로지 덧셈에만 사용할 수 있었고 계산이 맞지 않는 경우도 있었지만, 그 당시에 가장 혁신적인 계산 기계였어요. 후에 파스칼은 프랑스 최고의 수학자가 되었어요.

1642년   1837년

1622년

1617년

배비지와 러브레이스

영국의 수학자 찰스 배비지는 '해석 기관'을 설계했어요. 해석 기관이 실제로 만들어졌다면 아마 증기의 힘으로 작동하는 세계 최초의 거대한 기계식 컴퓨터였을 거예요. 한 발 앞서 나간 수학자 에이다 러브레이스는 기계를 작동시킬 수 있는 일련의 수학적 명령어들을 작성했어요. 오늘날 러브레이스는 세계 최초의 컴퓨터 프로그래머로 알려져 있어요.

계산자의 움직이는 부분을 자의 위와 아래 눈금에 맞추어요.

계산자

영국의 수학자 윌리엄 오트레드는 수고로운 계산을 쉽게 할 수 있고 휴대하기 간편한 최초의 계산자를 만들었어요. 이 계산자는 약 350년 후 휴대용 전자 계산기가 나올 때까지 매우 유용하게 활용되었어요.

튜링과 봄브

영국의 수학자 앨런 튜링은 제2차 세계 대전 중 연합군을 도와 독일군의 암호를 해독했어요. 튜링은 암호를 해독하는 전자 기계 장치인 '봄브'를 만드는 일에 힘을 보탰지요. 튜링이 고안해 낸 많은 계산 장치들은 그 후 컴퓨터의 발전에 큰 영향을 미쳤어요.

작은 것의 힘

1950년대 후반부터 쓰여 오던 탁상용 전자계산기는 크고 무거웠어요. 덩치 큰 탁상용 전자계산기는 마이크로칩이 사용되면서 건전지로 작동하는 휴대용 전자계산기로 대체되기 시작했어요. 크기가 작아 가지고 다니기 간편해서 어디서든 계산을 바로 할 수 있는 편리함 덕분에 휴대용 계산기는 큰 인기를 끌었어요.

전자 컴퓨터

방 안을 가득 채울 정도로 커다랬던, 미국의 에니악(ENIAC)은 대중에 최초로 공개된 컴퓨터예요. 프로그래밍이 가능한 완전 전자식 컴퓨터였어요. 1949년 영국의 케임브리지 대학 연구팀이 만든 에드삭(EDSAC)은 프로그램을 저장할 수도 있고 비전문가도 사용할 수 있었어요. 오늘날의 컴퓨터에 한 걸음 다가간 실질적인 최초의 컴퓨터예요.

1939~1945년   **1946년**   **1958년**   **1970년**

마이크로칩

미국의 두 전자 공학자 잭 킬비와 로버트 노이스는 작은 실리콘 '칩' 안에 많은 양의 전자 부품으로 가득 찬 '집적 회로'인 마이크로 칩을 각자 고안해 냈어요. 마이크로칩은 컴퓨터의 크기와 가격을 낮추는 동시에 처리 능력은 향상시켜 주었어요. 마이크로칩 덕분에 1970년대에 가정용 컴퓨터의 시대가 열리게 되었어요.

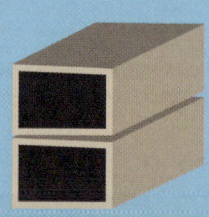

인터넷 시대

컴퓨터끼리 상호 연결할 수 있는 월드 와이드 웹(World Wide Web)이 등장하면서, 사용자들은 그 안에 있는 정보를 찾아야 할 필요성을 느끼기 시작했어요. 최초의 인터넷 검색 엔진은 미국의 대학생이던 앨런 엠티지가 만든 '아키(Archie)'예요. 오늘날 온라인상에는 20억 개가 넘는 웹사이트가 있고, 수많은 검색 엔진들이 각자의 수학 공식에 따른 검색 작업을 수행하고 있어요.

슈퍼컴퓨터

매우 뛰어난 고성능 컴퓨터를 슈퍼컴퓨터라고 해요. 디-웨이브 (D-Wave) 슈퍼컴퓨터는 데스크탑 컴퓨터 5억 대에 해당하는 연산 처리 능력을 가지고 있어요. 슈퍼컴퓨터는 일기 예보나 암호 해독과 같은 복잡한 일들을 처리하는 데 사용돼요. 또 다른 종류의 고성능 연산 방법은 클라우드 컴퓨팅이라고 부르는 방법이에요. 수많은 컴퓨터들을 연결하여 처리 능력을 공유함으로써 컴퓨터 한 대로는 풀 수 없는 문제들을 해결하는 데 사용되지요.

1990년

1996년

현재

이거 알아요?

인간 컴퓨터들

'컴퓨터'라는 단어는 원래는 종이와 연필로 복잡한 수학 문제를 풀던 사람들을 가리키는 말이었어요. 컴퓨터로 불린 이들은 대부분이 여성이었고, 미국 항공 우주국(NASA)의 초기 우주 비행 임무를 성공적으로 이끄는 데 매우 중요한 역할을 했어요.

체스 챔피언

컴퓨터는 인공 지능의 개발을 통해 점점 더 똑똑해졌어요. 1996년에 획기적인 사건이 일어났는데, 거대 컴퓨터 회사 아이비엠(IBM)이 만든 딥블루라는 컴퓨터가 러시아의 체스 챔피언 가리 카스파로프와의 체스 대결에서 이긴 거예요! 딥블루는 체스가능한 경우를 1초당 1억 가지씩 계산하고, 말의 움직임을 예상하며 판단할 수 있었어요.

105

도대체 확률과 논리가 뭔데?

수학자들은 수학적 논리를 사용해서 뭐든 할 수 있어요. 마을에서 산책하기에 가장 좋은 길이 어디인지 알아보는 일부터 지구에 접근하는 소행성이 지구 생명에 얼마나 큰 위협이 될지 알아내는 연구에 이르기까지 모든 일에 수학적 논리가 쓰여요. 확률에 기반한 방법을 이용하여 어떻게 다른 결과가 나올지를 계산함으로써 앞으로의 일을 예측할 수 있어요.

한붓그리기로 여행을 계획하는 법

18세기 쾨니히스베르크(오늘날 러시아의 칼리닌그라드)라는 도시에는 시민들을 혼란스럽게 만든 문제가 있었어요. 쾨니히스베르크에는 도시의 각 지역을 연결하는 다리가 일곱 개 있는데, 모든 다리를 딱 한 번씩만 건너서 도시의 모든 구역을 지나갈 수 있는 경로를 아무도 찾지 못하고 있었어요. 스위스의 수학자 레온하르트 오일러가 마침내 그런 경로는 수학적으로 불가능하다는 것을 밝혀냈어요.

1 프레겔강이 쾨니히스베르크시를 가로질러 흐르고 있어요. 강 중앙에는 큰 섬이 두 개 있어요. 두 섬과 양쪽 강둑은 일곱 개의 다리로 연결되어 있어요.

2 시민들은 '다리를 한 번씩만 건너서 도시의 모든 구역을 갈 수 있을까요?'라는 질문으로 논쟁을 벌였어요. 아무도 그 경로를 찾을 수 없었고, 누구도 왜 불가능한지 설명하지 못했지요.

3 레온하르트 오일러라는 수학자는 이 이야기를 듣고 이 문제는 수학적으로 접근해야 한다는 것을 깨달았어요. 오일러는 도시 구조를 단순화하여 일종의 그래프로 나타냈어요. 그리고 일곱 개의 다리를 한 번씩만 건너서 도시의 모든 구역을 지날 수 없음을 증명했어요.

계산해 보세요!
네트워크

쾨니히스베르크의 다리 건너기 문제에 대해 생각하던 오일러는 곧 한 번에 건너는 방법은 불가능하다는 것을 깨달았어요. 어디에서 출발하든지 간에 다리 하나는 꼭 두 번을 건너야만 했지요. 오일러는 도시 구조가 어떠하든, 어떤 경로를 택하든 상관이 없다는 것을 알게 되었어요. 단지 도시에 네 개의 구역(섬 두 개와 강둑 두 개)이 있고 일곱 개의 다리가 이들을 연결하고 있다는 사실만 생각하면 되었어요.

예를 들어, 여기서 출발한다고 해 봐요.

이 경로를 따라가면 모든 다리를 다 건너지 못해요.

오일러의 경로

오일러는 지도를 단순화하여 각 구역을 사각형 그림으로 나타냈어요. 그리고 각 구역들 사이를 선으로 연결하여 다리를 표현했어요. 오일러는 네 구역 모두가 홀수 개의 다리로 연결되어 있다는 사실에 주목했어요.

불가능해요, 왜냐하면…

각각의 사각형은 각 구역을 나타내요.

각각의 선은 다리를 나타내요.

각각이 구역에 연결된 다리 개수가 숫자로 적혀 있어요.

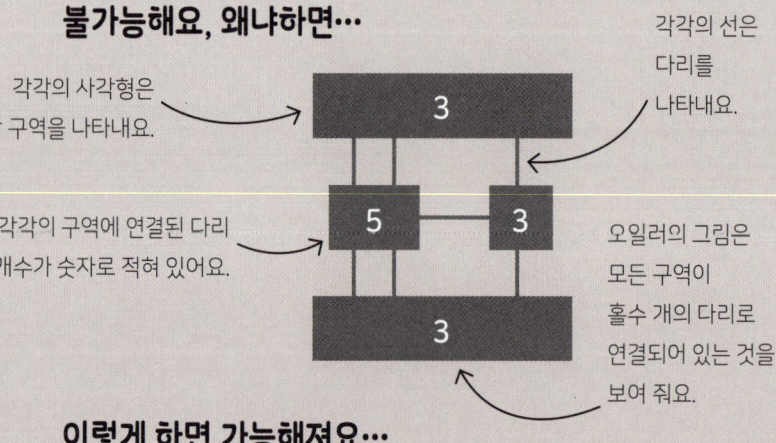

오일러의 그림은 모든 구역이 홀수 개의 다리로 연결되어 있는 것을 보여 줘요.

오일러는 이 문제의 답이 존재하려면 다리를 건너 한 구역에 도착한 사람은 나올 때에는 다른 다리를 지나야 하기 때문에 다리가 꼭 쌍으로 존재해야 한다는 결론에 이르게 됐어요. 즉, 각 구역은 짝수 개의 다리로 연결되어 있어야 한다는 뜻이에요. 네 곳 중 두 곳은 홀수 개의 다리로 연결되어 있어도 괜찮아요. 왜냐하면 한 곳은 시작점, 다른 한 곳은 도착점이 되면 되기 때문이에요.

이렇게 하면 가능해져요…

다리를 하나 더 연결하면 홀수 개의 다리로 연결되는 구역은 두 곳뿐이에요.

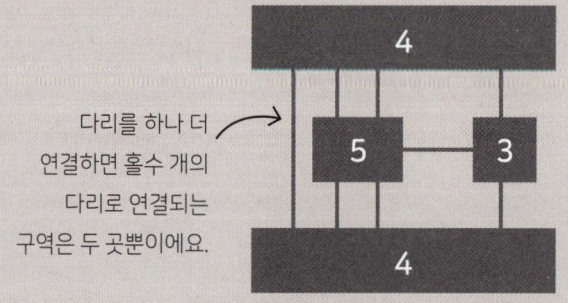

오일러는 다리를 한 번씩만 건너서 쾨니히스베르크 곳곳을 다니는 것은 불가능하다는 것을 수학적으로 증명했어요. 유일한 해결 방법은 다리를 추가로 설치하거나 (또는 없애거나) 하여 연결된 다리의 개수를 짝수로 만드는 것이었어요. 이렇게 하면 다리를 한 번씩만 건너서 도시의 모든 구역을 한 바퀴로 돌 수 있어요. 이러한 수학적 원리를 오늘날 오일러 경로라고 불러요.

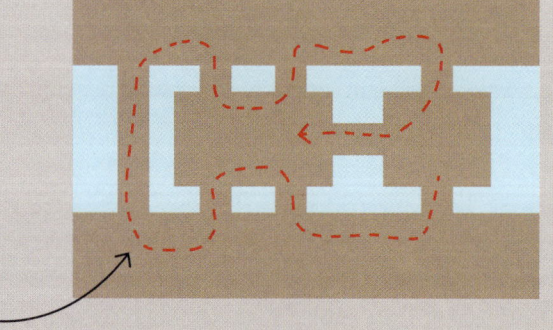

다리를 추가로 하나 더 만들면 모든 구역을 한 번에 연결하는 오일러 경로가 만들어져요.

한번 해 볼까요?
최적의 경로를 찾는 법

한 배달원이 마을을 지나갈 수 있는 가장 효율적인 경로를 찾으려 하고 있어요. 집집마다 배달을 하려면 마을의 모든 길을 다 지나야 해요. 같은 길을 두 번 지나지 않고 마을 곳곳을 다 다닐 수 있을까요?

현실 속 수학

월드 와이드 웹

오일러가 쾨니히스베르크시의 지도를 단순하게 만들었던 것처럼 월드 와이드 웹(World Wide Web), 즉 인터넷을 단순화시켜 그린다고 생각해 봐요. 웹페이지는 도시의 구역이고 하이퍼링크는 지역을 연결하는 다리에 해당해요. 수십억 개의 웹페이지와 하이퍼링크가 있고, 게다가 시간이 갈수록 규모가 점점 더 커질 테니, 오일러의 그림보다는 훨씬 더 복잡할 거예요.

마을에는 원형 교차로가 네 개 있어요.

각각의 원형 교차로는 도로가 세 개씩 갈라져 나와 있어요. 홀수 개의 도로로 갈라지는 교차로 수가 두 개 이상이기 때문에 배달원이 같은 도로를 두 번 지나지 않고는 모든 집을 다 들를 수가 없어요.

우선 여러분의 동네에서 네 곳을 골라요(아마도 친구네 집이 좋겠네요), 그다음 네 장소를 모두 지날 수 있는 가장 좋은 경로를 찾아보세요. 각각의 장소는 한 번씩만 지나야 하고, 같은 길을 두 번 지나서는 안돼요.

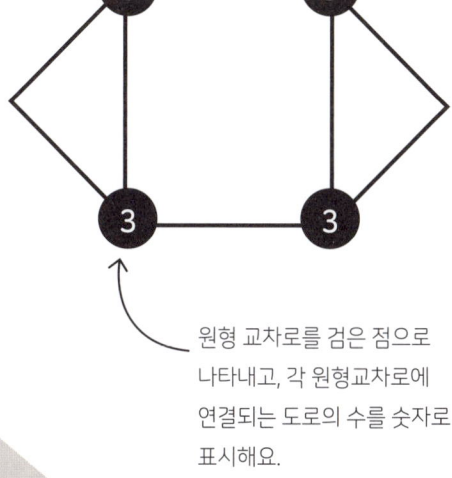

원형 교차로를 검은 점으로 나타내고, 각 원형교차로에 연결되는 도로의 수를 숫자로 표시해요.

옆의 그림 중에서 오일러의 경로를 나타내는 것은 무엇인가요? 연필을 종이에서 떼지 않고 한붓그리기로 각각의 선을 따라 한 번씩만 지날 수 있는 그림은 무엇인지 찾아보세요.

ㄱ) 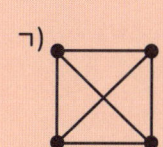   ㄴ)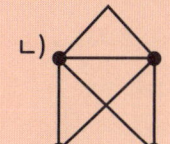

ㄷ) 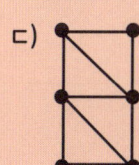   ㄹ)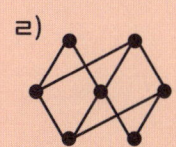

1 축하합니다! 당신은 운이 좋게도 텔레비전 게임쇼에 참가자로 뽑혔어요. 당신을 위한 엄청난 상품이 준비되어 있어요. 게임의 규칙은 간단해요. 이제부터 세 개의 문을 보여 줄 텐데요, 그 안에 상품이 있는 문을 고르기만 하면 돼요.

게임쇼에서 이기는 법

텔레비전 게임쇼에서 이기려면 많은 경우에 운이 따라야 해요. 이길 가능성을 높일 수 있는 방법은 과연 없을까요? 1970년대에 유명했던 어느 게임쇼에서 나온 답은 처음에 터무니없어 보였고, 몇몇 수학자들을 고민에 빠뜨렸어요. 게임쇼에서 이길 수 있으려면 확률, 즉 어떤 일이 일어날 수 있는 가능성을 이해할 수 있어야 해요.

2 세 개의 문 중 하나에는 엄청 멋진 최신식 스포츠 자동차가 기다리고 있어요. 그러나 다른 두 개의 문 뒤에는 염소가 있지요. 물론 멋진 염소들이긴 하지만 아무래도 상품으로 받는다면 자동차가 더 좋겠지요?

3 자, 이제 선택의 시간이에요. 긴장감이 흐르는 음악 소리가 들리고 스튜디오의 조명이 꺼지고, 방청객들은 숨죽이고 지켜봐요. 스포트라이트가 당신을 비춰요. 시간을 더 끌 수는 없어요. 사회자는 당신의 선택을 기다려요. 아, 파란색 문을 선택했군요!

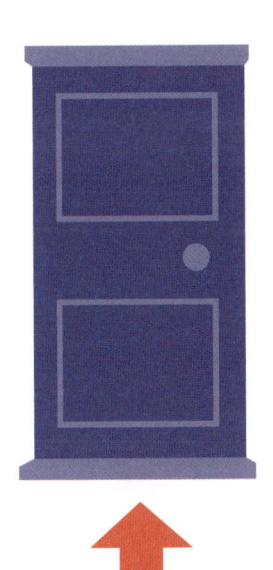  

4 당신이 고른 파란색 문을 열기 전에 사회자는 다른 문을 열어 염소 한 마리를 보여 줘요. 초록색 문을 열었더니 염소 한 마리가 '매애' 하며 걸어 나왔어요. 사회자가 당신에게 문을 바꿀 수 있는 기회를 줘요. 다시 말해 원래 선택했던 파란색 문으로 결정할지 아니면 분홍색 문으로 바꾸고 싶은지를 물어보고 있어요. 어떤 선택을 할 건가요?

113

몬티 홀 문제

이와 같이 처음에 한 선택을 그대로 유지할지 아니면 다른 것으로 바꾸는 게 나을지를 알아내는 것과 같은 수수께끼를 몬티 홀 문제라고 해요. 이것은 앞서 본 게임과 비슷한 방식으로 진행된 미국의 「내기해 봅시다!(Let's make a deal)」라는 게임쇼의 진행자 몬티 홀의 이름을 따서 붙여졌어요. 게임이 시작될 때, 참가자가 자동차를 받을 수 있는 확률은 삼분의 일(⅓)이에요.

사회자가 초록색 문을 열기 전까지는 자동차가 파란색 문 뒤에 있을 확률은 ⅓이에요.

자동차가 두 문 중 하나의 뒤에 있을 확률은 ⅔이에요.

사회자는 자동차가 어느 문 뒤에 있는지 알고 있어요. 그리고 항상 염소가 있는 문을 열어서 보여 줘요.

사회자가 초록색 문 뒤에 있던 염소를 보여 주고 나면 여러분은 아마도 처음에 선택한 문을 바꾸든 말든 자동차를 상품으로 받을 확률이 똑같은 ½이라고 생각할지도 몰라요. 하지만 원래 확률은 달라지지 않았어요. 파란색 문 뒤에 자동차가 있을 확률은 여전히 ⅓이고, 나머지 두 개의 문 중 한쪽에 있을 확률은 ⅔예요. 단지, 새로운 정보를 하나 더 알게 된 것뿐이지요.

파란색 문 뒤에 자동차가 있을 확률은 여전히 ⅓이에요.

이 두 문 중 하나에 자동차가 있을 확률은 여전히 ⅔예요.

이거 알아요?

빅딜

게임 카드를 섞을 때 섞여진 카드들의 순서가 똑같이 다시 일어나는 일은 거의 불가능해요. 카드들을 섞을 수 있는 조합의 경우의 수는 80,658,175,170,943,878,571,660,646,856,403,766,975,289,505,440,883,277,824,000,000,000,000가지나 되기 때문에 똑같은 순서대로 카드가 섞이는 일이 두 번 일어날 수 있는 확률은 천문학적으로 아주 적어요.

바꿀까 말까?

이제 초록색 문 뒤에 자동차가 있을 확률은 0이라는 것을 알고 있어요. 따라서 여러분이 선택하지 않은 두 개의 문 뒤에 자동차가 있을 확률인 ⅔는 분홍색 문으로 '집중'되어요. 차를 상품으로 받을 수 있는 확률을 높이려면 선택한 문을 바꿔야 해요. 매번 게임쇼에서 이길 수는 없지만, 이렇게 문을 바꾸게 되면 게임에서 지는 경우보다 이길 수 있는 경우가 두 배는 더 많아지게 되요.

분홍색 문 뒤에 자동차가 있을 확률은 이제 ⅔가 되지요.

안 바꾸기

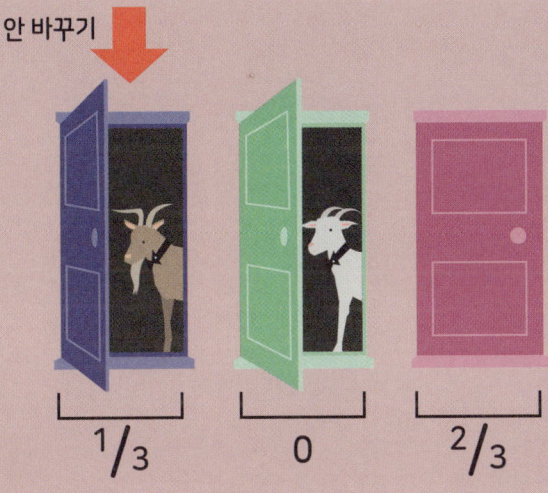

바꾸기

한번 해 볼까요?
확률을 계산하는 법

앞면과 뒷면이 나올 확률이 같은 '공정한' 동전 두 개를 여러분의 친구가 툭 던졌어요. 동전 두 개가 어느 쪽이 무엇으로 나왔는지는 알 수 없지만, 적어도 동전 하나는 앞면이 나왔어요

그렇다면 다른 동전도 앞면이 나올 확률은 얼마일까요?

답은 ½이 아니에요! 왜 그런지 알아보기 위해 가능한 경우를 모두 써 보도록 해요.

앞면 - 앞면
앞면 - 뒷면
뒷면 - 앞면
뒷면 - 뒷면

여기에서 이미 동전 하나가 앞면이 나왔기 때문에 뒷면 - 뒷면의 경우는 제외해요. 그럼 앞면 - 앞면, 앞면 - 뒷면, 뒷면 - 앞면, 이렇게 세 가지 경우가 남지요. 이 세 경우 중에서 다른 동전이 앞면이 나오는 경우는 한 번이고, 뒷면이 나오는 경우는 두 번이에요. 따라서 다른 동전 역시 앞면이 나올 확률은 사실 ⅓밖에 되지 않아요.

자, 이제 '공정한' 주사위 두 개를 던져 보세요. 주사위 하나는 6이 나왔어요. 그러면 다른 주사위도 6이 나올 확률은 얼마일까요?

현실 속 수학

소행성 충돌

소행성이 지구에 위협이 될 만큼 가까이 접근하는 경우가 있어요. 그럴 때마다 과학자들은 소행성이 지구와 충돌할 확률을 계산해요. 다행스럽게도 소행성이 지구에 부딪힐 확률은 매우 낮아요!

115

감옥에서 풀려나는 법

은행을 턴 죄로 두 사람이 경찰에 체포되었어요. 죄수들 중 어느 쪽이 돈을 훔쳤는지는 알 수 없지만 둘이서 은행에 침입한 증거는 확실했어요. 감방에서 경찰관의 심문을 기다리면서 두 죄수는 무슨 말을 해야 할지 결정해야 했어요. 각자 본인은 풀려날 속셈으로 상대방이 돈을 훔쳤다고 할 수도 있고, 아니면 둘 다 침묵하여 단순 침입 죄로 낮은 처벌을 받을 수도 있어요. 각 죄수는 상대방을 탓하는 게 나을까요, 아니면 침묵하는 편이 나을까요?

1 두 사람이 은행을 침입한 죄로 감옥에 갇혀 있어요. 경찰은 둘이 은행에 침입했다는 것은 알지만 돈을 훔쳤다는 사실을 증명할 방법이 없어요.

2 경찰이 두 사람을 심문하려고 해요. 두 죄수는 각각 다른 방에 갇혀 있기 때문에 경찰에게 무슨 말을 하는지 서로 알지 못해요.

3 서로가 상대방이 돈을 훔쳤다고 주장하면 두 죄수는 모두 각각 징역 10년 형을 받아요.

4 죄수 B는 침묵하지만 죄수 A가 돈을 훔친 사람이 죄수 B라고 주장해요 그러면 죄수 B는 징역 10년 형을 선고받고, 죄수 A는 경찰에 협조한 대가로 풀려나게 돼요. 반대로 죄수 A가 침묵하고 죄수 B가 죄수 A를 고발하게 되면 결과는 그 반대가 되겠지요.

5 만약 죄수 A 와 죄수 B 모두 돈을 훔친 것에 대해 침묵한다면, 둘 다 단순히 은행을 침입한 죄만 적용되어 가벼운 징역 2년형만 받게 될 거예요.

117

보상 행렬

만약 여러분이 죄수 A라고 상상해 봐요. 죄수 B가 무슨 말을 할지는 알 수 없지만, 여러분 자신이 가벼운 처벌을 받으려면 어떻게 해야 할까요? 보상 행렬은 선택 가능한 전략과 선택에 따른 보상을 보여 줌으로써 최선의 결정을 내릴 수 있도록 도와줘요.

서로 상대방에게 책임을 넘겨씌우면 두 명 모두 돈을 훔친 죄가 성립돼요. 둘 다 징역 10년 형을 선고받을 거예요. 최악의 결과이겠지요.

만약 당신은 침묵하는데 죄수 B가 당신에게 책임을 넘겨씌우면, 죄수 B는 풀려나고 당신은 징역 10년 형을 선고받게 될 거예요!

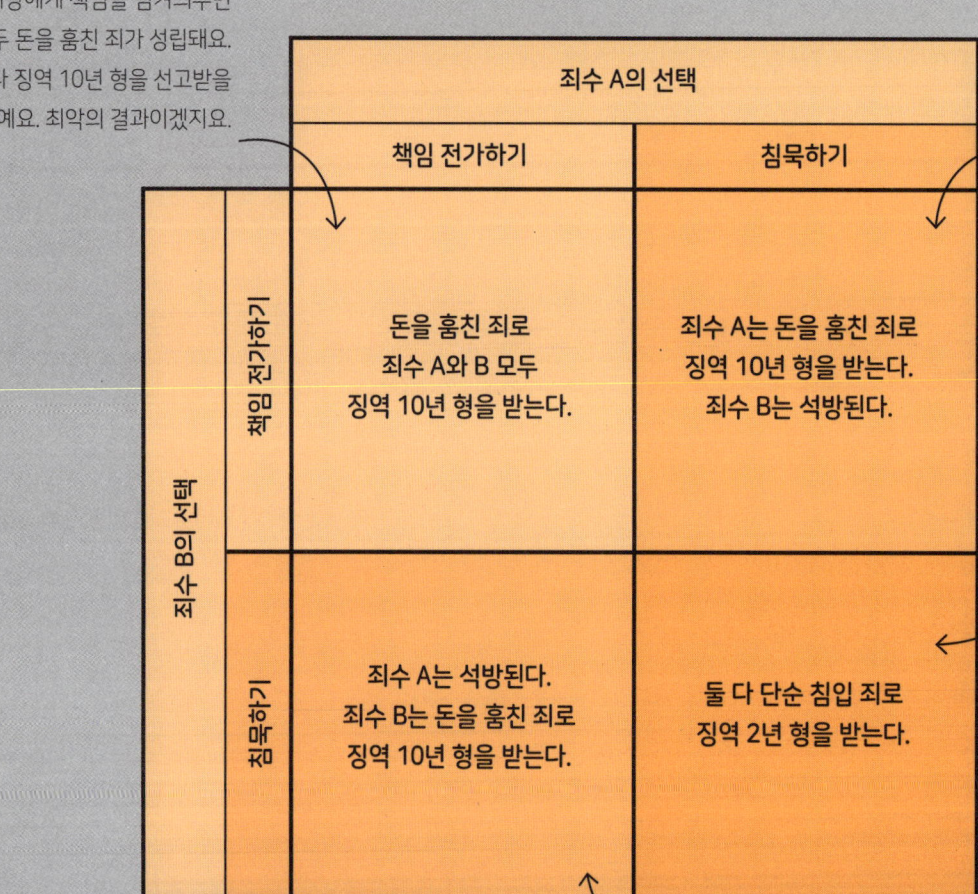

만약 둘 다 침묵한다면 아무도 돈을 훔친 죄로는 벌을 받지 않아요. 둘 다 가벼운 형을 받게 되고, 서로에게 가장 좋은 결과예요.

당신이 죄수 B에게 책임을 넘겨씌우면, 죄수 B는 징역 10년 형을 선고받고 당신은 풀려나게 될 수 있어요. 하지만 이 선택은 도박과 같아요. 왜냐하면 죄수 B도 당신이 돈을 훔쳤다고 말하면 둘 다 징역 10년 형을 선고받게 되기 때문이에요.

게임 이론

골치 아픈 이 문제를 죄수의 딜레마라고 불러요. 이것은 수학자들이 인생을 승자와 패자가 있는 게임으로 비유하는 게임 이론의 한 예예요. 게임 이론에 따르면 개인은 전략을 사용하여 자신에게 가장 최고의 결과를 확보하도록 노력해요. 정부와 기업, 그밖에 다른 조직들은 게임 이론을 사용하여 어떻게 실생활에서 사람들이 결정을 내리는지를 예측하지요. 예를 들어, 회사는 상품의 가격을 결정하는 일에 게임 이론을 사용하기도 해요.

한번 해 볼까요?
레모네이드 노점상의 경쟁

어느 날 학교 교문 앞에 두 사람이 레모네이드 가판을 설치하고 경쟁하듯 장사를 시작해요. 두 노점상 모두 레모네이드 한 잔을 1,000원에 팔기로 했어요. 총 40명의 손님이 두 노점상에 반씩 나뉘어 레모네이드를 산다고 해요. 즉 20명의 손님은 노점상 A에서, 다른 20명의 손님은 노점상 B에서 레모네이드를 사요.

만약 한 노점상이 값을 750원으로 낮추게 되면 다른 쪽 손님들까지 모두 끌어올 수 있을 거예요. 하지만 그렇게 되면 레모네이드를 팔아서 버는 돈은 줄어들게 돼요. 한 잔당 판매 수익이 원래 가격으로 팔 때보다 줄어들지요. 만약 두 노점상이 값을 똑같이 낮추어서 손님들을 반반씩 나누면 판매하는 레모네이드 양은 전과 같지만 돈은 적게 벌게 되겠지요.

이러한 경우를 보상 행렬로 나타내어 어떻게 하면 양쪽 노점상이 번 돈이 최대가 될 수 있는지 알아보세요.

레모네이드 노점상 A

레모네이드 노점상 B

현실 속 수학

흡혈박쥐

암컷 흡혈박쥐들은 공동체의 이익을 위해 서로 협동해요. 비록 자신은 조금 덜 먹더라도 먹이를 구하지 못한 다른 동료 박쥐가 있으면 자신이 먹은 피를 토해서 나누어 줘요. 이렇게 나누어 줌으로써 나중에 자신이 먹이를 구하지 못하는 경우에 반대로 다른 동료 박쥐로부터 피를 나누어 받을 수 있지요. 흡혈박쥐는 이틀 연속 먹이를 먹지 못하면 죽게 되기 때문에 이러한 협동 정신은 종의 생존에 매우 중요해요.

수학과 인류의 역사

계산기를 사용하고 시간을 재는 것에서부터 길을 찾고 인터넷을 사용하는 것에 이르기까지, 수학과 수학적 발명은 우리의 생활에서 빼놓을 수가 없을 만큼 중요해요. 그렇기에 인류의 역사를 거쳐간 수많은 수학자들에게 고마워해야 할 것 같아요. 건축과 물리학 그리고 항해와 우주 탐사를 비롯한 모든 분야에서 수학을 이용하여 인류의 지식을 발전시키는 데 공헌한 수학자들 중 일부를 연대순으로 소개할게요. 역사적인 수학자들을 만나 보세요!

히파티아

이집트 알렉산드리아의 히파티아에게 배우기 위해 각지에서 많은 학생들이 먼 길을 찾아왔어요. 히파티아는 고대의 수학책들을 쉽게 이해할 수 있도록 다시 정리했어요.

서기 350~415년경

유휘

고대 중국의 유명한 수학자 중 한 명인 유휘는 음의 수를 다루는 규칙들을 책으로 발표했어요. 유휘의 연구는 건축과 지도 제작 기술에 발전을 가져다주었어요.

서기 3세기

무함마드 알콰리즈미

'대수학의 아버지'라고 불리우는 알콰리즈미는 바그다드(오늘날의 이라크)에 살면서 연구를 했어요. 그는 대수학에 관한 초기 저서들 중 하나인 『알자브르 왈 무카발라(복원과 상쇄의 계산)』이라는 책을 썼어요. 그리고 인도-아라비아 숫자가 널리 쓰이는 데도 큰 공헌을 했어요.

780~850년

피보나치

이탈리아 수학자 피보나치는 0이라는 숫자를 북아프리카로부터 유럽에 전파한 인물이에요. 하지만 그보다는 '피보나치수열'이라고 알려진 특별한 수의 배열을 정의한 업적으로 더 잘 알려져 있어요. 피보나치수열은 뒤에 오는 수가 앞의 두 수의 합으로 이루어지는데 첫 번째와 두 번째 수는 1이고 세 번째 수는 2가 돼요

1170~1240년

피타고라스

최초의 수학자로 알려진 고대 그리스의 피타고라스는 모든 사물을 수학으로 설명할 수 있다고 믿었어요. 열정적인 리라* 연주자이기도 했던 피타고라스는 하프와 같은 현악기들이 어떻게 소리가 나는 것인지를 수학적으로 설명하기도 했어요.

* 고대 그리스의 현악기

기원전 570~495년경

유클리드

고대 그리스의 수학자 유클리드는 도형에 관한 수학 법칙들을 정립했어요. 유클리드의 연구는 오늘날의 기하학으로 발전했어요. 그래서 유클리드를 '기하학의 아버지'라고 불러요.

기원전 4세기

아르키메데스

고대 그리스의 발명가 아르키메데스는 수학의 원리를 이용하여 거대한 투석기와 같은 기발한 기계들을 만들었어요. 또한, 욕조에 몸을 담글 때 몸이 물에 잠긴 만큼에 비례해서 물이 넘친다는 사실을 깨달아 부력의 원리를 발견하기도 했어요.

기원전 288~212년경

산가마그라마의 마드하바

비록 업적 대부분이 역사 속으로 사라져 버렸지만, 인도 산가마그라마의 마드하바는 수학의 선구자였어요 다른 학자들이 마드하바의 연구를 인용한 사례들에 비추어 보면 알 수 있어요. 마드하바는 인도 케랄라 지역에 천문과 수학을 가르치는 학교도 세웠어요.

1340~1425년경

레오나르도 다빈치

이탈리아의 화가 레오나르도 다빈치는 동시에 수학자이기도 했어요. 다빈치는 그냥 눈으로 보고 어림하여 그리는 게 아니라 정밀하게 계산하고 기하학의 원리를 사용하여 원근법과 비율을 맞추어 그림을 그렸어요.

1452~1519년

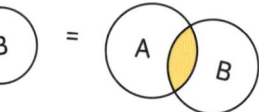

조지 불

영국의 수학자 조지 불은 수학을 철학적인 사고인 논리에 적용하여 복잡한 생각들을 간단한 방정식으로 나타내고자 했어요. 불의 기호 논리학은 바로 오늘날 인공 지능의 시초가 되었어요.

1815~1864년

제임스 클러크 맥스웰

스코틀랜드의 제임스 클러크 맥스웰은 수학을 이용하여 과학적 문제를 탐구하고 해답을 구하고자 했어요. 맥스웰은 전자기파가 존재한다는 것을 밝혀냈는데, 이로써 훗날 라디오와 텔레비전, 휴대용 전화기의 발명을 이끌어 내는 토대가 마련되었어요.

1831~1879년

에이다 러브레이스

세계 최초의 컴퓨터 프로그래머로 알려져 있는 영국의 어거스터 에이다 러브레이스는 찰스 배비지의 '해석 기관'에 관한 논문을 번역했어요. 러브레이스는 해석 기관에 대하여 통찰력 있는 자기 의견을 덧붙여 써서 이 기계가 훨씬 유용하게 사용될 가능성이 있음을 알려 주었어요.

1815~1852년

소피 제르맹

프랑스의 소피 제르맹은 여자라는 이유로 대학교를 다닐 수가 없었어요. 그래서 가짜 이름을 써서 다른 수학자들과 교류했어요. 제르맹은 '페르마의 마지막 정리'라는 문제를 증명하는 데 기여하였어요. 이 문제는 프랑스 수학자 피에르 드 페르마가 1665년 죽기 전에 풀었다고 주장하였지만 어떻게 풀었는지에 대한 설명을 남기지 않아 수수께끼로 남아 있던 것이었어요.

1776~1831년

피에르 드 페르마

프랑스의 변호사였던 피에르 드 페르마는 여가 시간에 수학을 공부했어요. 페르마는 블레즈 파스칼과 함께 확률에 관한 이론을 정립하였고, 곡선의 최고점과 최저점을 찾아내는 방법을 발전시켰어요. 페르마의 연구는 후에 아이작 뉴턴이 미적분학(연속적으로 변하는 것에 관한 학문)을 생각해 내는 데 도움을 주었어요.

1601~1665년

블레즈 파스칼

프랑스의 파스칼은 피에르 드 페르마와 함께 확률론을 정립했을 뿐 아니라 사영 기하학(선과 점에 관한 학문)이라는 분야를 창시했어요. 그리고 세무서 직원이었던 아버지를 위해 최초로 계산기를 발명하기도 했어요.

1623~1662년

고드프리 해럴드 하디

영국의 수학자 하디는 수학을 과학이나 공학, 사업에 적용하는 방법을 찾으려고 애쓰기보다는 수학을 공부하는 것 자체에 흥미를 느끼는 게 중요하다고 생각했어요. 하지만 결국 하디의 연구는 과학자들이 유전자 구조를 밝혀내는 데 도움이 되었어요.

1877~1947년

에미 뇌터

독일에서 태어나 미국으로 건너간 에미 뇌터의 연구는 현대 물리학의 근간이 되있어요. 뇌터의 수학 연구는 물리학자인 알베르트 아인슈타인의 이론에 존재하던 문제를 해결하여 일반 상대성 이론을 수정할 수 있도록 했어요. 그녀의 연구는 추상대수학이라는 새로운 수학 분야를 탄생시켰어요.

1882~1935년

에밀리 뒤 샤틀레

프랑스의 에밀리 뒤 샤틀레는 신분이 높은 귀족 여성이었기에 책을 사 보고 수학을 공부할 수 있었어요.* 샤틀레는 아이작 뉴턴의 저술들을 프랑스어로 번역하면서 자신의 주석을 달았을 뿐 아니라 직접 수학책을 쓰기도 했어요.

*그 당시 프랑스는 여성에게 중등 교육을 허락하지 않던 시대였어요.

마리아 가에타나 아녜시

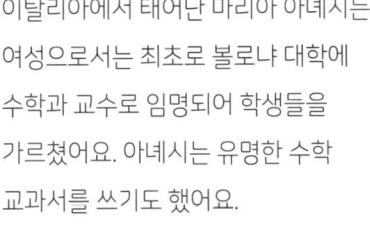

이탈리아에서 태어난 마리아 아녜시는 여성으로서는 최초로 볼로냐 대학에 수학과 교수로 임명되어 학생들을 가르쳤어요. 아녜시는 유명한 수학 교과서를 쓰기도 했어요.

1718~1799년

1706~1749년

아이작 뉴턴

영국의 수학자 아이작 뉴턴은 미적분법이라는 새로운 수학 계산법을 개발하면서 그 전에는 풀기 힘들었던 어려운 문제들을 해결할 수 있었어요. 또한 뉴턴은 행성의 움직임과 소리의 속도를 수학적인 방법으로 연구했어요. 중력을 수학으로 설명한 것은 뉴턴의 아주 유명한 업적이 되었지요.

1642~1727년

고트프리트 라이프니츠

독일의 고트프리트 라이프니츠는 미적분 이론을 책으로 처음 발표한 수학자예요. 미적분학을 발명한 공로는 뉴턴에게 돌아갔지만, 오늘날 수학자들은 라이프니츠가 쓰던 표기법에 따라서 미적분을 수식으로 나타내고 있어요. 또한 라이프니츠는 이진법(0과1만을 사용하는 수 체계)을 발전시켰어요. 이진법은 훗날 현대의 모든 컴퓨터 연산 체계의 근간이 되었어요..

1646~1716년

123

스리니바사 라마누잔

혼자 수학을 공부한 인도의 천재 수학자 스리니바사 라마누잔은 놀라운 이론들로 가득한 편지를 써서 다른 수학자들에게 보냈어요. 라마누잔의 비범함을 알아차린 영국의 고드프리 해럴드 하디 교수는 그와 공동 연구를 하기 위해 라마누잔을 영국 케임브리지 대학으로 초청했어요. 하디 교수의 지도 아래 라마누잔은 수천 개에 달하는 까다로운 이론들을 증명했어요. 라마누잔의 연구는 컴퓨터 알고리즘(단계별 과정)의 속도를 높이는 데 기여했어요.

1887~1920년

존 폰 노이만

헝가리 태생의 존 폰 노이만은 게임이나 까다로운 상황에서 수학을 이용하여 가장 좋은 전략을 찾는 '게임 이론'을 고안한 수학자예요. 미국으로 이주한 뒤 노이만은 원자 폭탄의 개발을 앞당기는 데 중요한 역할을 했어요. 또한 수학 연구에 컴퓨터를 적극 활용해서, 노이만의 연구는 한편으로 컴퓨터 프로그래밍의 발전을 도왔어요.

1903~1957년

캐서린 존슨

미국의 캐서린 존슨은 미국 항공 우주국(NASA)에서 우주 비행사를 달에 보내기 위한 계산을 맡았던 '인간 컴퓨터'였어요. 그 후, 존슨은 우주 비행사를 지구로 무사히 귀환시킬 수 있는 방법에 관한 공동 연구를 발표했어요.

1918~2020년

브누아 망델브로

폴란드 태생으로 프랑스에 건너간 브누아 망델브로는 라틴어로 '쪼개어진'을 뜻하는 '프랙탈'이라는 용어를 사용하여 자연에 존재하는 (구름이나 해안선과 같은) 비대칭 현상을 수학적 언어로 설명했어요. 그의 프랙탈 기하학에 담긴 수학식들은 무질서해 보이는 현상에도 질서가 있다는 것을 보여 주었어요.

1924~2010년

앤드류 존 와일스

영국의 수학자 앤드류 존 와일스는 페르마의 마지막 정리에 매혹되어 7년 동안 오로지 증명에만 매달렸어요. 그리고 358년 동안 풀리지 않던 수학의 난문제를 결국 풀어냈어요. 페르마의 정리를 최초로 증명한 사람이에요.

1953년~

그레이스 호퍼

그레이스 호퍼는 대학에서 강사로 일하다가 미국 해군에 입대하여 해군 소장의 자리까지 올랐어요. 호퍼는 사용자 중심의 프로그래밍 언어인 '코볼'을 개발하여 컴퓨터 과학의 분야를 발전시켰어요. '코볼' 덕분에 수학자가 아닌 일반인들도 컴퓨터를 보다 쉽게 쓸 수 있게 되었어요.

1906~1992년

앨런 튜링

영국의 수학자 앨런 튜링은 모든 수학 문제는 알고리즘으로 변환할 수 있다면 답을 찾을 수 있다는 것을 보여 주기 위해 이론적인 '컴퓨터'인 튜링 기계를 고안했어요. 튜링은 제2차 세계 대전 중에는 독일군 암호를 해독하는 일을 했어요.

1912~1954년

에드워드 로렌즈

미국의 수학자이자 기상학자인 에드워드 로렌즈가 다음과 같은 질문을 했어요. "브라질에서 나비 한 마리가 날갯짓을 하면 미국 텍사스에 토네이도가 불어올까?" 로렌즈는 무질서하고 혼돈스러운 사건은 초기에는 예측이 가능하지만 시간이 지날수록 점점 더 무질서해진다는 것을 알아냈어요.

1917~2008년

에르되시 팔

헝가리의 괴짜 수학자 에르되시 팔의 인생은 그의 여행 가방에 담겨 있어요. 거의 50년 동안 세계를 여행하며 여러 수학자들과 함께 연구했기 때문이에요. 에르되시는 평생 동안 수학에 관하여 다양한 주제의 논문을 썼는데, 특히 소수에 관심이 많았어요.

1913~1996년

마리암 미르자하니

이란 태생의 마리암 미르자하니는 어릴 적 학교 선생님으로부터 수학에 재능이 없다는 소리를 들었어요. 하지만 선생님의 말이 완전히 틀렸다는 것을 증명해 보였어요. 미르자하니는 수학 연구에 대한 공로로 2014년 수학에서 최고 영예인 필즈상을 여성으로서는 최초로 받았지요. 미르자하니가 연구한 분야는 곡면에 관한 수학이었어요.

1977~2017년

에마 하루카 이와오

2019년 국제 파이 데이*에 구글 직원인 일본인 에마 하루카 이와오는 원주율의 값을 소수점 아래 31조 자리까지 정확히 계산해 내는 세계 기록을 세웠어요. 이 계산을 위해 이와오는 구글의 클라우드 시스템을 통해 가상으로 연결된 컴퓨터 25대로 총 170테라바이트의 자료를 가지고 121일에 걸쳐 계산했어요.

* 원주율(π)을 기념하는 날로 3월 14일이에요.

1986년~

용어 설명

각
한 방향에서 다른 방향으로 회전하는 양. 또는, 두 직선이 한 점에서 만날 때 두 방향 사이의 벌어진 값이라고도 할 수 있어요. 각의 단위는 도(°)로 나타내요.

거듭제곱
같은 수를 여러 번 곱하는 것. 기수 오른쪽 위에 작은 글씨로 기수를 몇 번 곱해야 하는지를 나타내요.

공비
등비수열에서 일정하게 곱하는 수.

공식
어떤 법칙이나 서술을 수학적 기호로 나타낸 것.

공차
등차수열에서 일정하게 증가하거나 줄어드는 값.

그래프
두 개 이상의 수의 집합이나 측정값들 사이의 관계를 나타내는 도표.

기수법
숫자를 사용하여 수를 적는 방법. 0에서 9까지의 숫자를 쓰고 십진법으로 나타내는 방식을 많이 써요.

기하학
도형이나 크기, 공간에 대해 연구하는 수학의 분야.

달력
1년을 날짜에 따라 적어 놓은 것. 천체의 움직임을 관찰해 시간을 구분하고 날짜의 순서를 매기는 '역법'에 따라 발전했어요.

대수학
모르는 값이나 숫자를 다른 기호로 나타내어 계산하는 것. 수의 관계나 계산 법칙을 연구하는 학문이에요.

대칭
어느 도형이나 물체를 부분적으로 회전을 시키거나, 반사시키거나, 옮겨도 그 모양이 변하지 않는 것을 말해요.

대푯값
자료의 집합에서 가장 흔하거나 중심이 되는 값. 대푯값으로는 평균값, 중앙값, 최빈값이 있어요.

동위각
두 직선이 다른 한 직선과 만날 때, 각 직선의 같은 쪽에 있는 두 개의 각.

등비수열
등비를 곱해서 늘어나는 수의 열.

등차수열
정해진 양만큼 일정하게 늘거나 줄어드는 규칙이 있는 수의 열.

디짓(digit)
0에서부터 9까지의 숫자를 나타낸 기호.

무리수
분수로 나타낼 수 없는 수.

무한대
다른 어떤 수보다도 더 크지만 정확한 값으로 나타낼 수 없는 수.

방정식
예를 들어 2+2=4와 같이, 어떤 것은 다른 어떤 것과 같다는 말을 수학으로 표시한 것.

백분율
100을 기준으로 일부가 되는 값. 백분율은 기호 %로 나타내요.

분수
전체 수량의 일부분.

비
두 수 중 어느 한 쪽이 다른 쪽보다 몇 배가 크거나 작은지를 나타낸 관계.

비율
어떤 수의 부분을 전체에 대해 나타낸 것.

삼차원(3차원)
너비와 길이, 높이가 있는 물체를 나타낼 때 쓰는 말.

소수(小數)
일의 자리보다 작은 자리의 값을 가진 수. 0.1, 10.3과 같이 나타내요. [소:수]라고 읽어요.

소수(素數)
1과 자기 자신으로만 나누어지는 수. 가장 작은 소수부터 10번째까지의 소수는 2, 3, 4, 7, 11, 13, 17, 19, 23, 29예요. [소쑤]라고 읽어요.

수열
어떤 규칙에 따라 배열된 수들. 예를 들어, 2, 4, 6, 8, 10.

십진법
숫자 10을 기준으로 한 기수법. 십진법의 분수는 소수점을 사용하여 나타내요. 소수점의 오른쪽에 있는 숫자들은 10분의 1, 100분의 1 같은 수를 뜻해요. 예를 들어 4분의 1(¼)을 소수로 나타내면 0.25인데, 이는 1이 0개, 10분의 1이 2개, 100분의 1이 5개인 것을 말해요.

암호
각각의 글자를 다른 글자나 숫자, 기호로 변환하여 원래 본문의 뜻을 숨기는 것. '암호학'은 암호를 만들거나 풀기 위해 연구하는 것을 뜻해요.

양수
0보다 큰 수.

어림셈(근사계산)
반올림을 해서 정확한 값에 근사한 값을 구하는 것.

원주
원둘레. 일정한 점에서 같은 거리에 있는 점들의 자취라고 할 수 있어요.

원주율(파이)
어느 원이든지 원주를 지름으로 나누면 나오는 일정한 값으로 그리스어 π로 나타내고 파이라고 읽어요.

위도
적도로부터 북쪽이나 남쪽으로 얼마만큼 떨어져 있는지를 나타내는 값. 적도의 위도는 0도이고, 북극은 +90도, 남극은 -90도예요.

음수
0보다 작은 수. 부호 -를 사용하여 -1, -2, -3과 같이 나타내요.

이진법
0과 1, 두 개의 숫자만으로 이루어진 수 체계. 전자 장치는 자료를 저장하고 처리하는 데 이진법 체계를 사용해요.

이차원(2차원)
너비와 길이만 있는 평면 물체를 나타낼 때 쓰는 말.

자료
분석하기 위해 모은 정보.

자연수
1, 2, 3, 4, 5와 같은 수들.

정수
자연수와 자연수의 음수, 영을 포함하는 수예요.

좌표
격자 눈금이나 지도상에서 점이나 선, 도형의 위치를 나타내기 위한 한 쌍의 숫자.

중앙값
자료의 집합에서 가장 낮은 값부터 큰 값의 순서로 차례로 늘어놓았을 때 중간이 되는 값.

증명
어떤 명제나 이론의 옳고 그름을 수학적 논거로 보여 주는 것.

직각
두 직선이 만나서 이루는 각이 정확히 90도인 각.

처리 능력
컴퓨터가 연산을 처리하는 속도. 처리 능력이 좋은 컴퓨터일수록 주어진 시간 안에 더 많은 계산을 할 수 있어요.

최빈값
자료의 집합에서 가장 자주 나온 값.

추정
표본으로 모집단의 값을 미루어 계산하는 것.

축
점이나 도형의 위치를 나타낼 때 사용하는 기준이 되는 선. 대칭축은 대칭을 이루는 선을 뜻해요.

컴퓨터
자료를 계산하고 저장하는 전자 장치. 과거에는 그런 계산을 하던 사람을 뜻했어요.

평균값
자료의 집합에서 값들을 모두 더한 후 자료의 총 개수로 나눈 값.

평행
두 선이 항상 서로 같은 거리만큼 떨어져서 뻗어 나가는 것.

표본
전체 집단의 부분으로서 전체에 관한 정보를 알려 주는 수집된 자료.

확률
어떤 일이 일어날 수 있는 가능성.

정답

13쪽
38, 25, 16

27쪽
섭씨 146도,
화씨 262도

30쪽
320,000원

35쪽
9개

63쪽
보물이 묻힌 곳의 좌표는 (6,4)예요.

67쪽
이 등차수열에서 다음에 올 수는 123에 공차 19를 더한 142예요.

69쪽
a=12, d=2, n=15 이므로, 12+(15-1)×2=40으로 40개예요.

72쪽
구백이십이경
삼천삼백삼십이조
삼백육십팔억
오천사백칠십칠만
오천팔백팔
(922경 3372조 368억 5477만 5808)

73쪽
$1×2^{(20-1)}=1×219$
= 524,288
$2×3^{(15-1)}= 2×314$
=동전 9,565,938개

75쪽
31×19=589

79쪽
암호문 글자를 세 칸씩 왼쪽으로 이동시키면 원래의 글자가 나와요.
"우리는 하나"

93쪽
키의 평균값은 152cm, 최빈값은 155cm예요. 가장 유용한 것은 평균값이고, 가장 유용하지 않은 것은 최빈값이에요.

97쪽
두 번째 표본에서 구슬 50개 중에 4개가 파란 구슬이므로, 파란 구슬과 두 번째 표본 총 수의 비는 4:50로, 간단히 정리하면 1:12.5예요. 12.5에 40(첫 번째 표본에서 구슬의 총 개수)을 곱하면 유리병에 든 구슬 개수의 근삿값은 500개예요.

111쪽
ㄴ과 ㄷ이 가능해요. 시작하고 끝나는 점이 홀수 개의 길과 만나기 때문이에요.

115쪽
주사위 하나가 6이 나오면 가능한 조합의 경우의 수는 11개예요. 1-6, 2-6, 3-6, 4-6, 5-6, 6-6, 6-5, 6-4, 6-3, 6-2, 6-1. 따라서 확률은 11분의 1이에요.

119쪽

		레모네이드 노점상 A	
		값을 1,000원으로 유지하는 경우	값을 750원으로 낮추는 경우
레모네이드 노점상 B	값을 1,000원으로 유지하는 경우	두 노점상은 각각 20잔의 레모네이드를 팔고 20,000원씩 벌어요. 두 노점상이 번 돈은 합해서 총 40,000원이에요. 번 돈의 합계가 가장 많아요.	노점상 A가 손님을 모두 끌어모아 레모네이드 40잔을 팔고 30,000원을 벌어요. 노점상 B는 아무것도 벌지 못해요.
	값을 750원으로 낮추는 경우	노점상 B가 손님을 모두 끌어모아 레모네이드 40잔을 팔고 30,000원을 벌어요. 노점상 A는 아무것도 벌지 못해요.	두 노점상은 각각 20잔의 레모네이드를 팔고 15,000원씩 벌어요. 두 노점상의 이윤은 합해서 총 30,000원이에요.

찾아보기

가우스, 카를 프리드리히 68~69
각도 38, 42~45, 50~53
거듭제곱 73, 77
건축(건축물) 6, 7, 40
게임 이론 116~119
계산기 104
계산자 103
공비 70, 73
공차 66~69
그래프 61, 92, 99, 101
그래프 이론 108~111
그리니치 표준시 59
기하학 38~55
길 찾기 6, 108~111
꺾은선그래프 101

나이팅게일, 플로렌스 98~100
넓이 46~49
네이피어의 뼈 103
네트워크 110
노이만, 존 폰 124
뇌터, 에미 123
뉴턴, 아이작 23, 122, 123

단위 값 31
달 10~11, 56
달력 11, 56~59
대수 방정식 34~35
대수학 34~35
대칭 6, 40~41
대푯값 90~93
데카르트, 르네 60~61
도표 101
도형 38~39
돈 7, 24~25, 28~31, 119
등비수열 70~73
등차수열 66~69

라마누잔, 스리니바사 124
라이프니츠, 고트프리트 123
라플라스, 피에르 시몽 94~95
러브레이스, 에이다 7, 103, 122
레오나르도 다빈치 121
로렌즈, 에드워드 125
로마 숫자 18, 19, 22, 23

마드하바 (산가마그라마) 121
막대그래프 101
망델브로, 브누아 124
맥스웰, 제임스 클러크 122
면적 46~49
모스 부호 81
몬티 홀 문제 114~115
무리수 55
무인 자동차 35
무한대 76~77
무한의 대칭 41
미나드, 샤를 조제프 100
미르자하니, 마리암 125

반올림 88
방사성 탄소 연대 측정법 72
배비지, 찰스 103
백분율 28~31
보상 행렬 118~119
부채꼴 52~53
분수 32~33
불, 조지 122
브라마굽타 21
비율 32~33
비즈네르, 블레즈 드 80
빈도 79

사각형 48
삼각형 38, 42~49
삼차원 39, 62

상형 문자(이집트) 18, 19
샤틀레, 에밀리 뒤 123
세금 28~30
셈법 10~13, 14~15, 16~19
셈법 11, 12~13
소수 74~75
수 표기법 16~19
수열 66~73
슈퍼컴퓨터 105
스노, 존 100
시간 6, 10~11, 56~59
시계 56~59
실베스트리, 야코부스 80
십진법 14, 32~33, 88

아녜시, 마리아 가에타나 123
아르키메데스 121
아리스토텔레스 21
아스트롤라베 102
알 킨디 79
알베르티, 레온 바티스타 80
알콰리즈미, 무함마드 22, 34, 120
암호 78~83
암호술 78
양수 26~27
어림셈 49, 86~89, 93, 94~97
에니그마 기계 82
에라토스테네스 50~53
에르되시 팔 125
역 백분율 30
영 20~23
오일러, 레온하르트 108~111
오일러의 경로 110
온도 27
온라인 보안 75, 83
와일스, 앤드류 존 124
우주 7, 54, 77, 105

원 38, 54
원그래프 99, 101
원주 50~53, 54
원주율 54~55
위치값 기수법 20, 21, 25
유클리드 38, 121
유효숫자 88
유휘 120
윤초 59
음수(음의 수) 24~27
음의 좌표 62
이상고 뼈 13
이와오, 에마 하루카 125
이자율 73
이진법 28, 83
이차원 38, 62
인공 지능(AI) 105, 122
인구수 94~97
인도-아라비아 숫자 19

자료 수집 98~101
자료 모으기 94~97
전화기의 삼각 측량 45
제노의 경주 77
제르맹, 소피 122
제이콥의 방법 89
존슨, 캐서린 125
좌표 60~63
주판 102
중앙값 92
지구의 둘레 50~53
지도 47, 63, 108~111
지름 54
진법 14~15

최빈값 93
측정 42~53

카이사르의 평행 이동 암호 79

컴퓨터 7, 102~105
큰 수 77

탈레스 42~44
태양 42~43, 50~53, 56
튜링, 앨런 54, 82, 104, 125

파스칼, 블레즈 103, 122
파이 54~55
파이 도표 99, 101
패턴 39, 54
페르마, 피에르 드 122
평균값 91, 92, 93
평행 사변형 48
포획 재포획법 95~97
푸앵카레, 앙리 90~92
플레이페어, 윌리엄 101
피그펜 암호 82
피라미드 39, 42~44
피보나치 22, 121
피타고라스 121

하디, 고드프리 해럴드 123
하위헌스, 크리스티안 58
한붓그리기 108, 111
합성수 74~75
해수면 27
핼리, 에드먼드 66~67
혜성 66~67
호퍼, 그레이스 125
확률 112~115
히파르쿠스 44, 45
히파티아 120
힐베르트, 다비트 76

n번째 항 공식 69

감사의 말 / 도판 목록

The publisher would like to thank the following people for their assistance in the preparation of this book:

Niki Foreman for additional writing; Kelsie Besaw for editorial assistance; Gus Scott for additional illustrations; Nimesh Agrawal for picture research; Picture Research Manager Taiyaba Khatoon; Pankaj Sharmer for cutouts and retouches; Helen Peters for indexing; Victoria Pyke for proofreading.

The publisher would like to thank the following for their kind permission to reproduce their photographs:

(Key: a-above; b-below/bottom; c-centre; f-far; l-left; r-right; t-top)

13 Royal Belgian Institute of Natural Sciences: (br). **18 Alamy Stock Photo:** Dudley Wood (crb). **27 Getty Images:** Walter Bibikow / DigitalVision (br). **31 Getty Images:** Julian Finney / Getty Images Sport (bc). **45 Alamy Stock Photo:** Nipiphon Na Chiangmai (ca). **62 Getty Images:** Katie Deits / Photolibrary (crb). **82 Alamy Stock Photo:** INTERFOTO (br). **83 Science Photo Library:** (br). **89 Alamy Stock Photo:** Directphoto Collection (cb). **93 Alamy Stock Photo:** Jo Fairey (cb). **96 123RF.com:** Daniel Lamborn (br). **111 Dreamstime.com:** Akodisinghe (cra). **115 NASA:** NASA / JPL (crb). **119 Avalon:** Stephen Dalton (cb).

All other images © Dorling Kindersley

For further information see: www.dkimages.com